PUHUA BOOKS

我们一起解决问题

区块链行业融合发展应用丛书

BLOCKCHAIN AND ENTITY INDUSTRY

区块链与实体产业

重新定义数字经济

朱晓武　王征　孙航◎著

人民邮电出版社
北　京

图书在版编目（CIP）数据

区块链与实体产业：重新定义数字经济 / 朱晓武，王征，孙航著. -- 北京：人民邮电出版社，2019.11（2020.11 重印）
ISBN 978-7-115-52140-8

Ⅰ. ①区… Ⅱ. ①朱… ②王… ③孙… Ⅲ. ①电子商务－支付方式－研究 Ⅳ. ①F713.361.3

中国版本图书馆CIP数据核字(2019)第208079号

内 容 提 要

近年来，由数字技术与实体产业结合而成的新型经济形态——数字经济，正逐渐成为全社会高度关注的热点话题。在诸多数字技术中，区块链技术受到的关注尤为强烈。那么，区块链技术在实体产业中到底是如何发挥作用的呢？

本书站在科技发展的前沿，紧扣国家政策，对区块链与实体产业的结合进行了全面且深入的研究。本书首先按照经济统计的第一、第二、第三产业分类，对主要行业与区块链结合的潜在可能进行了分析；其次对区块链现有的几类应用场景与案例进行了梳理；最后对区块链的应用布局做出了展望。总之，本书对区块链技术应用于实体产业进行了深入阐述，力求为行业发展提供可行的指导建议。

本书适合政府、企业、科研机构、金融机构的人员及高等院校相关专业的师生阅读。

◆ 著 朱晓武 王征 孙航
责任编辑 张国才
责任印制 彭志环
◆ 人民邮电出版社出版发行 北京市丰台区成寿寺路 11 号
邮编 100164 电子邮件 315@ptpress.com.cn
网址 http://www.ptpress.com.cn
北京捷迅佳彩印刷有限公司印刷
◆ 开本：700×1000 1/16
印张：17 2019 年 11 月第 1 版
字数：200 千字 2020 年 11 月北京第 4 次印刷

定价：69.00 元

读者服务热线：(010)81055656 印装质量热线：(010)81055316
反盗版热线：(010)81055315
广告经营许可证：京东市监广登字 20170147 号

推荐序

在2016年9月4日—5日举行的杭州G20峰会上，经主席国中国的努力，“数字经济”首次被列为G20创新增长蓝图中的一项重要议题，受到了各成员方的欢迎和赞赏。而且，作为会议重要成果的《G20数字经济发展与合作倡议》也科学地阐述了数字经济的概念、意义和指导原则。数字经济是以数字化信息为关键要素，以网络为重要载体，以技术为推动力的一系列经济活动。为了进一步加强数字经济的研究和学术交流，推动数字金融创新和监管改革，2019年5月16日中国政法大学“国家创业创新发展与规范研究中心”和“区块链金融法治研究中心”联合主办了“数字金融：创新与监管”论坛。在这次论坛上，朱晓武教授报告了关于金融科技研究的最新成果，给我留下了深刻的印象。

这本《区块链与实体产业：重新定义数字经济》是朱晓武教授及其研究团队关于数字经济的新思考。全书从一个新的视角分析和阐述了区块链技术如何应用于第一、第二和第三产业，助力数字经济发展。近年来，以区块链为代表的金融科技迅速发展，成为学术界和实践者关注的热点，是“新商科”背景下科研和人才培养的重要方向。区块链是计算机、金融与法学的交叉学科，具有广泛的应用前景，一些国内外一流大学已经建立区块链相关的研究中心并开设课程。在数字经济中，区块链技术影响实体产业的商业模式，构建新的分布式商业生态体系。正如作者在书中所分析的区块链应用场景，区块链技术通过合理下放权益，创造出可信、高效、安全的经济系统。

我个人把数字经济的特征归纳为“七化”：第一个是支撑技术化；第二个是经营平台化；第三个是程序刚性化；第四个是行为数据化；第五个是数据数字化；第六个是平台生态化；第七个是营销精准化。推动数字经济发展，我们尚面临诸多基础问题，如数据权属和数据权利体系仍然不清晰、数据行为的规则尚未建立、个人信息保护和公平交易面临更大的挑战等。《区块链与实体产业：重新定义数字经济》一书从数据权益的角度分析实体产业的问题，并提出了可能的解决方案，在一定意义上是对上述部分问题的思考和探索。

数字经济是多学科交叉的研究对象，数字经济与法律监管密不可分。因此，鼓励围绕数字经济进行跨学科研究，是中国政法大学近几年科研工作的重点。中国应该制定什么样的数字经济规则和建立什么样的数据治理体制，是摆在我们面前的一个重要课题。在数字经济这个新的学科领域，中国政法大学与全世界所有一流大学在同一个起跑线上，率先开展相关的科学研究并致力于人才培养，有机会奠定“先发优势”，对学科发展和“双一流”建设具有重大意义。

朱晓武教授长期致力于数字经济、金融科技的研究，提出中国政法大学“五型”能力导向的“新商科”金融科技科研与教学新模式，以“讲政治、懂法律、通金融、擅管理、晓技术”为人才能力导向，进行学科重组交叉，将金融科技融入商科课程，用虚拟仿真的教学方式培养“新商科”复合型人才，建设学校和企业协同育人的联合培养基地，这是兼具学术价值和实践意义的面向问题的多学科交叉的探索。这本书也是他主持的中国政法大学金融科技产学联合培养基地项目的研究成果。企业实务工作者和高校师生的“产学协同”有助于准确把握当今社会的重要问题，立足基础实践、把握理论前沿。可以预见，数字经济将会成为未来全球竞争的制高点和新领域。在这种背景下，对数字经济进行更立体的研究就显得更加必要。在《区块链与实体产业：重新定义数字经济》付梓之际，我负责任地向各界推荐本书。当然，我更期待朱晓武教授及其团队持续地对数字经济进行深入研究，并不断向社会奉献新的研究成果。

时建中

中国政法大学副校长

前言

国家各政策推动了信息技术（IT）与实体产业的融合，创新了企业的生产方式和组织形式，引发了深远的产业变革。以人工智能（AI）、区块链（Blockchain）、云计算（Cloud Computing）、大数据（Big Data）等为代表的信息技术加速推动了现代服务业与制造业的融合，并逐步形成了第一产业、第二产业和第三产业的有机互动，带来了产业边界、竞争态势的改变。

在以区块链为代表的信息技术与实体产业融合的过程中，IT 推动企业数字化转型存在三个趋势。第一，IT 成为环境不确定性的触发器，IT 战略与企业战略融合，形成新的数字业务战略，重新划定行业的边界、定义行业标准、重构组织结构、强化内部管控、构建企业生态系统。第二，组织中 IT 的角色正在发生变化，越来越多的数字技术嵌入产品和服务之中，IT 从过去的后台支持角色逐步转变为与流程融合、面向客户。因此，IT 决定了企业与顾客、供应商、合作伙伴的接口平台以及业务自由度。第三，企业实施数字业务战略和新的商业模式，正逐步转变为面向社会媒体、网民群体、企业群的企业生态系统，从而具备了数字生态动力学的特性。

从国内外学术研究的趋势来看，区块链技术是企业数字生态系统的重要技术之一，也是企业实施数字化转型的基础性技术。区块链技术被高度关注，与其自身的技术特点密切相关。它是随着“加密数字货币”的出现而逐渐兴起的一种全新的分布式计算范式，为交易双方提供不需要交换中介的价值存储和交换平台，为企业的 IT 能力提供了新的技术支持。区块链应用场景落地方面的探讨，是近年来学术界和实践者关注的焦点。

区块链与实体产业如何结合？我们认为区块链与实体产业的连接点在于商业模式创新，并提出了区块链技术驱动的商业模式理论框架，如图 1 所示。

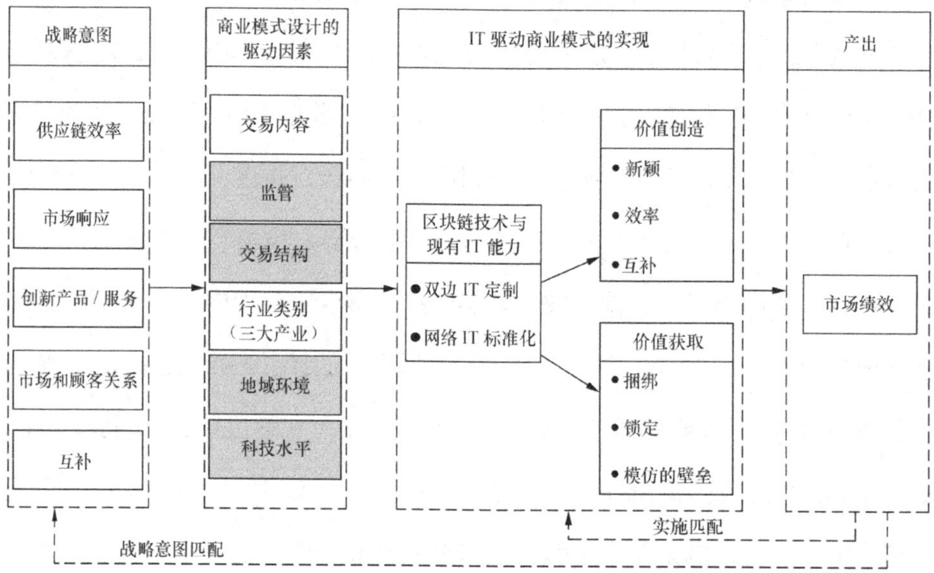

图 1　区块链与实体产业融合的企业商业模式理论框架

企业战略会从五个方面影响商业模式设计的驱动因素：提高供应链效率、增强市场反应能力、创新产品（服务）、开发市场和客户关系、产生互补。商业模式设计的六个驱动因素分别是交易内容、监管、交易结构、行业类型、地域环境和科技水平。区块链技术和现有的 IT 能力共同驱动商业模式的实现。传统的 IT 能力是网络 IT 标准化，确保一些标准化的数据交换；区块链技术则是双边 IT 定制，这是一种对偶机制，通过建立企业之间的智能合约，确保双方能共享信息，深度参与合作。

商业模式的机制可以分为价值创造机制和价值获取两大类：新颖、效率和互补是价值创造机制，捆绑、锁定和模仿壁垒是价值获取机制。双边 IT 定制和网络 IT 标准化两类能力共同影响商业模式的价值创造和获取。市场绩效是市场对企业商业模式的效果评价，具有反馈作用。通过反馈，企业在两个层面做出调整：(1) 通过 IT 驱动商业模式的调整；(2) 通过调整战略意图，进行再匹配。

区块链与实体产业融合的企业商业模式理论框架是理解区块链与三大产业融合的基础。基于相关案例数据的可获取性，本书仅从"交易内容"和"行业类别"两个驱动因素展开分析（注：标灰色的因素不在本书讨论的范围内），关于监管、交易结构、地域环境和科技水平等将在下一步的研究中予以考虑。其中，行业类别分为第一产业、第二产业和第三产业，针对每个行业展开区块链应用的具体分析。本书着重分析行业现状和痛点，结合产品和服务，提供区块链支持的 IT 解决方案。本书首次给出了一个区块链技术与三大产业结合的"地图"，企业可以结合自身的行业特点，审视区块链技术是否可以实现价值创造机制和价值获取机制。

我们建议读者在阅读区块链技术与三大产业结合的相关章节时，可以反复对照图 1 的商业模式理论框架，结合行业（中观）和企业（微观）两个层面，理解相关的解决方案。区块链技术在不断完善和发展之中，限于时间和篇幅，本书未能展开论述相关理论模型的全部因素。在后续的研究中，我们将从监管、交易结构、科技水平等方面，探索实体产业中如何运用区块链进行商业模式创新。

本书的出版得到了中国政法大学科研创新项目（18ZFG63001）、教育部人文社科规划项目（17YJA630148）、中国政法大学优秀中青年教师培养支持计划项目（ZQ2017-1003）、习近平新时代中国特色社会主义思想研究中心暨北京市社科基金重点项目（18KDAL043）、北京市法学会课题（BLS(2019)B002）的支持。中国政法大学成立了金融科技产学联合培养基地，与区块链实务从业者密切合作，于 2018 年秋季开设了“区块链与数字经济”创新创业课程（国内高校中第一个由商学院开设的区块链与数字经济课程），培养“讲政治、懂法律、通金融、擅管理、晓技术”的复合型金融科技人才。

在新兴的数字经济领域，实践超前于学术，迫切需要产学合作。本书是集体智慧的结晶，也是产学协同的成果。为了增加本书的易读性，本书由实践经验丰富的王征和孙航主笔，承担主要撰写工作。朱晓武提供了相关理论支持，并组织中国政法大学金融科技产学联合培养基地的张文英、季煦、张江帆、卞麓晨、韦芷曦、刘雅茜、康雨馨参与了本书的相关工作。另外，张雪祺参与了本书第 2 章和第 5 章主要内容的写作，以及全书的校订工作。

本书是一次有意义的产学合作尝试，由企业实务工作者和高校师生共同完成。这既是学习研究新知识的总结，也是数字经济时代“干中学”的新育人模式。由于时间仓促，本书的观点仅仅反映研究数字经济的阶段性成果，难免有疏漏之处，恳请读者指正。

最后，本书的写作参考了大量文献资料，由于篇幅有限，不能一一列出，我们在此向所有文献资料涉及的作者表示衷心的感谢！

Contents

目录

第 5 章 区块链 + 第三产业结合方案 5 CHAPTER 101

1
CHAPTER

第 1 章　数字经济概述

1.1 数字经济的定义与特征

“数字经济”已经成为当今社会一个火热的概念，和这个时代的很多前沿概念一样，它目前还没有一个明确的定义。按照互联网上普遍流传的说法，它所指的是“一个经济系统，在这个系统中，数字技术被广泛使用，并由此带来了整个经济环境和经济活动的根本变化”。从普通读者的角度来看，这样的定义仍比较模糊，因为他们并不清楚数字技术给经济系统乃至他们本身究竟带来了怎样的“根本变化”。

然而，尽管人们尚未从理论上对“数字经济”给出一个通俗易懂的定义，但这不妨碍他们能够列举出很多“数字经济”的典型案例，如电商网购、移动支付、分时租赁、C2C 共享经济等。而选择这些案例的原因通常也不难理解，因为这些面向 C 端的、使用数字技术的应用给他们带来了实实在在的好处。例如，电商可以让每个人都有开店的权利，而且可以突破地理位置的限制，将客户网络延伸到全国甚至全球；共享充电宝则使旅行者无需再随时随地携带笨重的锂电池，大大提升了行动的便捷性和旅游的方便程度。正是这些最普通的体验在无形中勾勒并定义了数字经济更清晰的轮廓与概念：

数字经济指的是一个经济系统，通过广泛使用数字技术，它可以降低用户的行动成本，赋予用户更多的权益，最终提升人们的生产效率与生活体验。

事实上，当我们纵观目前市场上可以接触到的各种数字技术和新型商业模式时便不难发现，它们给整个经济环境和经济活动带来的根本变化，绝大部分都可以归纳为以下两点，如图 1-1 所示。

数字技术带来的变化
- 降低用户的行动成本：共享经济、云平台等
- 赋予用户更多的权益：移动互联网、新零售等

图 1-1　数字技术给社会带来的变化

第一，所谓“降低用户的行动成本”，一般是指通过将可能妨碍用户行动的事物进行中心化管理，从而减轻用户的负担，让其行动更便捷。

所谓“成本中心化”，是指去中心化的个体将可能增加自己行动成本的事物托管给相对可靠的中心化机构，只在需要时进行调取，从而在享受同水平权益的同时大大减少行动成本以及由其带来的生产与生活体验损失。其典型案例包括共享经济、云平台、移动支付等。

（1）共享经济

部分 B2C 和 C2C 的共享经济模型，如共享交通、共享充电宝等可以有效地减少用户工作与生活中的成本。对于享受这些服务的用户来说，他们自己无需再购置交通工具或携带充电宝，而是可以选择租赁由中心化供应者提供的服务与产品，这样便可以节省出行工具和储能设施的携带、停放、保管等成本（包括时间和精力成本）。

（2）云平台

相对于共享经济中的交通工具和储能设施等产品，信息存储设施的去中心化运输和保管所需要的成本更高。在运输方面，用户一般只能携带移动数据存储设备，如U盘和笔记本电脑等。在保管方面，用户需要保持高度的警觉以及对存储设备进行一定程度的加密，而且为预防存储设备丢失后造成重大损失，还需要对文件进行备份。通过将数据存储至云端，用户一方面可以从任何电子设备上调用信息，减少其运输成本；另一方面可以借助云平台的专业安保能力，减少信息的保管成本。

第二，赋予用户更多的权益，即通过数字技术将过去聚集在中心化机构或团体的技能分配给去中心化的个体，从而让用户可以进行更多样化的行动。在这方面，典型的案例包括移动互联网，以及由大数据引领的新零售等。

（1）移动互联网

纵观通用类电子设备的发展史，也就是“大型机→PC台式机→笔记本电脑→智能手机/手表”这个过程，我们不难发现，它的本质就是各类权益逐渐去中心化地分配且权益使用范围不断扩大的过程。例如，文字、图像、音频、视频的输入权和发布权，心率、血压、步数等健康指标的检测权，甚至所处位置、行动轨迹等其他信息的知情权，都是从传统的中心化传媒、医疗、交管等机构逐渐下沉到了去中心化的用户手中。

（2）新零售

与电子设备的发展类似，零售业的发展也是处在一个不断去中心化的过程。根据专业化程度的差异，迄今为止零售业的发展可以大致分为三个阶段。其中，零售1.0阶段是“所有消费者一个店”，相对较粗放，不利于消费者进行筛选；零售2.0阶段是通过对商品进行分门别类，形成了“每类消费者一个店”的模式，但其所针对的仍然是相对中心化的长尾群体；而零售3.0阶段则是通过大数据收集和筛选以及人工智能的推理形成了“千人千店”的格局，使每位去中心化的网购消费者都能得到拥有专有购物界面的权益。

毫无疑问，数字技术所带来的“行动成本的中心化”与“权益的去中心化”，使单独个体的行动能力变得空前强大，而所需要花费的成本却并未同步增长，甚至比以前更低。前几年热议的“两会报道黑科技”就是典型案例。过去很多媒体在进行两会报道，尤其是进行视频专访时，可能需要配置摄影器材、存储卡带、专用车辆、协助人员等，但现在仅仅一名记者在无需任何设备与人员协助的情况下可能就足以完成以上所有任务——智能手机自带摄像功能、存储空间来自云盘、车辆仅需网络拼车，这些技术手段使报道的效率得到大大提高。

1.2 数字经济的发展瓶颈

正如上一节所言，数字经济中各种新技术和新模式不断出现，其总体发展方向是“成本由中心化管理、权利赋予去中心化用户”，最终提高个体行动的收益与成本比。在可预期的时间内，这个发展方向不会出现大的改变。不过，从近两年的情况来看，数字经济的发展似乎遇到了一个瓶颈。虽然每年科技领域都会出现很多引人注目的新概念，例如，2014年的大数据和云计算、2015年的物联网和AR/VR、2016年的3D打印和机器人、2017年的共享经济和人工智能以及2018年的自动驾驶和5G网络等，但是不少概念在后续相关项目的推进过程中都并不顺利。

为何数字技术会在落地的过程中遭遇阻力？要回答这个问题，就不能不对其本身特性进行研究。鉴于目前业内的数字技术概念十分杂乱，而且各种术语的并列很多时候不够准确，因此需要对其进行梳理和纠正。

首先，人们经常会把一些前端产品和后端技术进行并列，如无人驾驶与人工智能、3D打印与物联网、云计算与量子计算等，但实际上无人驾驶、3D打印、云计算只不过是使用了人工智能、物联网、量子计算技术（或未来可能使用）的数字产品而已。

其次，人们有时候会把一类技术和它的子类别相提并论。例如，有些媒体会把NB-IoT、RFID、5G网络与互联网相提并论，但实际上前三者都可以被视为互联网（准确地说是通信网络）的子类别。

如此一来，当我们按照图1-2对数字经济背后的相关概念进行分类后便会发现，除了一些像共享经济、智能家居、车联网这样众多的前端产品之外，目前绝大部分后端数字技术大致可以分为五类：智能终端（物联网）、大数据、通信网、云平台及人工智能，也就是业内通常所说的“物、大、移、云、智”①。

- 数字技术概念
  - 相关产品：智能家居、车联网、3D打印等
  - 背后技术
    - 智能终端
    - 大数据：数据脱敏、数据挖掘等
    - 互联网络：5G、NB-IoT、RFID等
    - 云平台
    - 人工智能：机器学习、深度学习等
    - 区块链：公链、私链等

图1-2 部分数字技术概念的分类体系

那么，“物、大、移、云、智”这几种技术又是如何组合并实现“权益下沉、成本上收”的呢？此处以人体为模板来进行类比。众所周知，人对外界的反应可以表现为两种。

一是末端神经的本能应激反应。例如，人在触碰到尖锐物体的一瞬间会迅速抽离相关的身体部位。

二是大脑的深度思考。例如，人在触碰到尖端物体之后，脑海中开始判断尖端物体的形态，思考其究竟是什么。

机器系统（此处的机器指的并非机械，更多是计算机）也是一样，其与

---

① 目前，很多人对“物联网”一词的理解主要是在日常生活中可以直接接触到的终端硬件设施。另外，在目前的通信网络中，移动互联网有着较高的知名度，人们在谈及这个领域时也经常会把各种通信网络跟移动互联网画等号。所以，笔者也遵循主流话语体系，将智能终端归为“物联网”中的“物”，同时将通信网络归为“移动互联网”中的“移”，最终将数字技术体系简化为“物、大、移、云、智”。

用户之间的人机交互可以表现在两个方面。

首先，一些智能终端可以如同本能应激反应一样，对用户的动作与要求给予一些简单的回应。例如，前两年比较火爆的某些家庭恒温器，只要设置好基本程序，就可以应对简单的外界变化。

其次，人工智能有时候可以利用自己的运算能力进行一些深度的决策。例如，使用神经网络算法的智能投资顾问平台，即使每次输入的变量比较复杂，系统也会给出相应的答案，进而在这种人机交互的过程中给予用户更多的便利。

机器系统与人体系统对外界反应的相似性，实际上来源于两者之间的架构相似性，如表 1–1 所示。在机器系统中，智能终端设备就相当于拥有各种神经末梢的器官，在感受到外界刺激后，一方面给予外界即时的应激反应，另一方面根据这些变化产生类似于神经信号的大数据，并沿着如神经网络一般的通信网络进行传导，在传输至存储信息的中心化云平台后利用人工智能算法对相关信息进行处理与分析，最终让 AI 发挥大脑的效能，给出信息指示或通过智能设备终端进行直接反应。也就是说，理想中的机器系统和人体系统有着异曲同工之处，是可以对外界的各方面刺激做出应激反应与深度思考的。

表 1-1　机器系统与人体系统的相似性

人体系统	机器系统
器官及其神经末梢	智能终端设备
神经信号	大数据
神经网络	通信网络
大脑	云平台
思维能力	人工智能

然而，目前机器系统的人机交互体验距离人体系统的“人人交互”还有较大的差距，很多时候不能较好地实现“权益下沉、成本上收”的功能。例如，一些医院购买了人工智能医疗解决方案后，发现其诊疗的准确率不如人工诊疗的准确率高。从整体来看，当下人机之间的交互方式还比较简单，多停留在“本能应激反应”的水平，也就是业内常说的“弱人工智能”（虽然严格来讲，由于没有经过深度算法的分析，其不能被归类到人工智能当中），而能够进行深度思考的实用案例相对较少。可以说，在智能化服务的道路上还有很大的发展空间。

为什么目前的机器系统会在诸多方面不尽如人意呢？实际上这是一个系统性问题。与已经进化得较完善、大多数情况下都在顺畅运行的人体不同，机器系统由于刚刚起步，各种数字基础设施还不完备，因此所有环节都或多或少地存在一些问题，在很多垂直赛道上无法达到人们的预期。虽然此前人们已经接触了不少基于数字技术的优秀产品，但从整个行业的庞大体量上看，这种成功的案例仍是凤毛麟角。除了一些商业方面的因素（如盈利模式不清晰、目标市场判断失误）之外，机器系统与数字技术本身的性能也存在一些短板，具体包括以下几个方面，如表1-2所示。

（1）智能终端（物联网）

与偏向C端的互联网相比，物联网更偏向于B端的个性化应用，每一个项目都有不同的需求，需要较高的开发成本和较长的开发周期，同时也要求开发者对甲方客户所处的行业比较了解，无论软硬件都是如此。这是其发展相对缓慢的重要原因。

表 1-2　机器系统存在的可提升之处

机器系统组成部分	面临问题
智能终端设备	开发成本高、周期长
大数据	数据标准不兼容、难以互联互通、在挖掘信息方面尚未找到成熟模式
通信网络	需提升覆盖范围、传输速度、能耗等指标
云平台	算力面临瓶颈、安全和隐私问题
人工智能	算法精度提升易遇到天花板

（2）大数据

由于目前的物联网系统都是基于不同厂商的标准，所以它们所形成的数据信息往往是不兼容的，形成了诸多碎片化的“信息孤岛”，难以进行互联互通，对于沉淀的海量数据也缺乏挖掘与变现。

（3）通信网络

在覆盖范围、能耗程度、传输速度上仍有提升空间。

（4）云平台

云计算可能无法满足未来越来越高的算力需求。同时，掌握在中心化巨头手中的云平台面临着隐私泄露和数据丢失等风险。

（5）人工智能

与人体中神经末梢和大脑都同属于一个人不同，现实中的物联网设备经常与人工算法拥有者分属于不同的利益主体，导致算法拥有者很难获取用来打磨模型精度的大数据（事实上，不同的物联网设备之间也会存在类似的问题）。

从这点来看，目前人们所接触到的由智能硬件以及相关软件打造成的机器系统存在很大的提升空间。正是上述问题导致数字技术遭遇了本节开头所提到的瓶颈，很多相关的产品无法落地。那么，作为一项并未出现于“物、大、移、云、智”组合中的技术，区块链要如何提升作为重要基础设施的机器系统呢？它在整个数字经济中又起到了什么样的作用？

1.3　区块链在数字经济发展中的作用

要回答这个问题，首先需要了解一下区块链技术的具体原理。正如很多资料所提到的，区块链是一个由多个利益主体（通常被称为“记账节点”，简称“节点”）共同记录并治理的链式数据库。信息被记录在名为“区块”的数据包中，按照系统的设置，记账节点之间会遵循一定的规则（业内称为“共识机制”）来获得每个区块的打包权，也就是将区块链网络中相关信息记录到区块的权利。而在记录的瞬间，其他未获得该区块打包权的节点也将在自己的设备中同步记录区块链的数据。与属于同一利益主体的中心化传统数据库相比，这种新型的分布式数据库有一个最明显的特点，那就是写在其上面的数据由于分布在不同利益主体的手中，因此极难篡改，除非篡改者能够说服一定比例的记账节点许可其修改数据。因为区块链使用了多种加密技术，所以经常出现在各种信息与隐私保护的场景设想中。而这也是其助力数字经济发展的关键所在。

我们把目光转回到数字经济上。前面曾经提到数字经济的目标是赋予用户更多的权利。而实现这个目标的手段是要让以计算机为主的机器系统能够如同贴身秘书般为用户提供更多的服务，具体的技术原理则是类似于人体系统的“物、大、移、云、智”组合。但是从现实情况来看，目前的机器系统很多时候没有办法对用户的行为进行良好的反馈。如果说人不能对外界变化及时做出反应，往往是由于神经断裂、反应迟钝、分析能力较弱等原因，那么机器系统不能对用户需求进行有效应对也经常是因为难以感受到外界的变化并给出相应的解决方案。在这方面，人体系统与机械系统可以说是存在相通之处的。

但是，为什么与人体系统相比，机器系统出现数据信号流通不顺畅的情况更多？具体原因可以大致概括为两个方面：信道[①]和信任。

首先，在信道方面，人类已经经过了漫长的发展历史，像终端末梢、神经网络、大脑这样的器官已经相对进化成熟，不存在信号阻塞的问题；而数字经济刚刚起步，相关的基础设施还不十分完备，很多时候数据的信道传输并不畅通。例如，产生的数据收集不上来，收集好的数据又分析不了。如此一来，自然难以给出解决方案。

其次，在信任方面，人体系统中各种器官都同属于一个个体，听从同一个大脑指挥，不存在彼此之间是否信任的问题；而机器系统中数据的生产者、收集者、分析者很多时候都属于不同的利益主体，彼此之间存在很大的信任成本，很容易互相猜忌。例如，怀疑对方是否可靠，会不会拿着自己的数据资产去作恶等。这样一来，相关的协作也就很难顺畅

① 所谓信道指的是通信通道，泛指信号传输的媒介，本节指的是数字系统中一切与数据流通相关的环节，例如，收集数据的智能终端、传输数据的通信网络、存储并计算数据的云平台等。

进行。

综上所述，如果人们想对现有的机器系统进行改善，使数字经济能够发挥自身效能，赋予用户更多的权利，那么主要从以下两方面进行改善。

第一，提高信道的可靠程度，使用户的行为信息可以更全面、准确、迅速地被收集、传导、解析，最终转化为可靠的解决方案。而解决的方法主要是完善相关标准，提升信道的性能指标（见表 1–3）。例如，

在信息生产环节，铺设更多度量精准的智能终端硬件设备；

在信息收集环节，统一各种数据的标准，打破“信息孤岛”，从理论上实现信息兼容；

在信息传输环节，提高通信网络的能效、覆盖半径、传输速度等；

在信息存储环节，加强云平台的计算能力和可靠程度，提高其信息存储与处理能力；

在信息分析环节，提升人工智能算法的可靠性。

表 1-3　机器系统各环节的问题解决方案

机器系统组成部分	问题解决方案
智能终端设备	找到合理商业模式，铺设更多设备
大数据	统一数据标准，打破“信息孤岛”
通信网络	提升覆盖范围、传输速度、能耗等指标
云平台	加强平台的运算能力、存储功能、安全指标
人工智能	提升算法的智能性

我们从表 1–3 给出的方案中可以看出，在搭建通畅的信息传输通道的问题上，目前限制这些数字技术发展的主要原因在于这些技术本身。例如，智能硬件的敏锐性、大数据行业的标准化、各种通信网络的容量以及计算机的算力等。因此，要想让信息顺畅流动，从而创造价值，实现权利下放，一个

重要的前提就是要完善这些基础设施。

第二，解决各利益主体之间的信任问题。对于C端的信息提供者来说，这些信息是他们的隐私。而对于B端的信息收集者来说，信息则是他们的核心资产。如果在信息流通的过程中，信息因为各种主观或客观的原因出现了流失，那么无疑将会给当事者带来经济损失、生活困扰，甚至人身威胁。如果信任问题不能得到解决，那么即使基础设施再完善，信息也不可能顺畅地流动，更不要说给出解决方案、实现权益下沉了。

在这种情况下，我们就有必要通过区块链技术，在数字经济网络中不同的利益主体之间构建信任的桥梁。根据潜在隐患的不同，主要有以下两种具体的构建方式。

第一，如果担心信息在流动的过程中因为外界攻击和入侵等客观因素而遭到泄露甚至篡改，导致用户蒙受损失，那么解决方案主要有两种。

（1）不使用区块链技术，通过网络安全技术加强信道，尤其是中心化云平台的安防水平，以抵御外界的攻击。

（2）使用区块链技术，把中心化云平台打造成去中心化雾平台，让攻击者无从下手，即将文件以分片加密的方式拆分后存储在隶属于多个不同利益主体的计算机中，而文件保存的位置与流转的过程则保存在区块链上，等到需要时按照链上的索引提取并组合即可。

第二，如果担心信息在流动过程中会因为相关机构的作恶等人为因素而出现泄露的情况，那么解决方案也有两种。

（1）在针对C端数据提供者的保护上，可以用区块链技术对数据进行确权，并在未来边缘计算技术成熟之后将用户的数据保留在边缘平台而非中心化云平台上，让用户拥有对自己数据的所有权；相关密钥由自己保管，如果产品开发与运营机构想使用这些数据，需向产品用户提出申请，且每一次流转都需要获得用户的授权，只有对方用密钥进行签名之后才可获得数据的使用权。

（2）在针对B端数据收集者的保护上，则可以通过让数据分析者仅获得用户的使用权而非所有权来对数据资产情况进行保护。由于数据分析者对大数据的需求主要是为了打磨自身的AI算法，因此在进行数据使用权的交易时，其实际上不需要获得完整的数据，而只要提供自己原始的算法模型即可。在交易过程中，买卖双方将算法模型和大数据上传到基于联盟链的智能合约中，除了数据提供者之外，任何人都无法看到数据内容；在训练完毕后，数据文件包可以退回给数据收集者或就地销毁；而数据分析者得到打磨完毕的模型，大数据就这样在没有泄露风险的情况下、在区块链智能合约的保护下完成有效流转。

总之，数字经济系统面临的主要发展阻碍以及相应的解决方案，如图1-3所示。

严格地说，上述促进机器系统信息流动的区块链数字解决方案，目前还只是数字经济从业者提出的一个设想。尽管它不能完全避免隐私的泄露（例如，C端用户信息的分享仍未解决数据两权合一的问题），未来必然会有可提升的空间存在，但其理论上相对较高的可行性以及对数字经济系统信任程度的明显提升已经使不少从业者感到耳目一新。也正是由于这样的原因，在过去几年的数字经济浪潮中，区块链受业界关注的程度是比较高的。

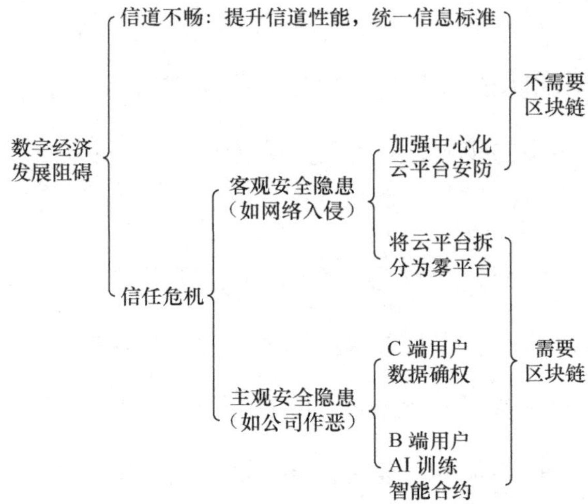

图 1-3　数字经济系统面临的主要发展阻碍及相应的解决方案

区块链与现有数字技术的结合是一个总体发展方向，接下来的章节会陆续介绍“区块链 + 数字技术”将如何改造现有的经济社会。在区块链等数字技术的助力下，更多的权力将会被下放到个体和小团体手中，由此打造出一个前所未有的社会生态——去中心化经济。

2
CHAPTER

第 2 章　区块链技术对实体产业的作用

2.1 去中心化经济的定义

至此，我们提到了一个概念——去中心化经济。对于其中的“去中心化”一词，相信了解过数字技术，尤其是区块链技术的很多读者都有所耳闻。不过，由于“去中心化”一词出现在主流群体视线中的时间较短，因此不少人还未能够对这个概念形成冷静、客观的认识。例如，在一些科技创业公司，尤其是区块链公司中，虽然人们经常会提及“去中心化”一词，但又很难解释清楚它的含义。

那么，“去中心化”到底是什么意思？其实质又是什么呢？

所谓“去中心化”，它并非一个由外界主观推动的趋势，而是经济与科技发展的客观必然，其不以人的主观意志为转移。事实上，早在“去中心化”一词传播开来之前，社会中就已经出现了很多“去中心化”的经济现象。例如，

自媒体让每一位作者都有机会发出自己的声音，使过去集中在专业媒体人手中的话语权分散到作者手中，进而实现了话语权的去中心化；

智能手机让每一位用户都有机会用镜头实时记录周围的世界，使过去集中在专业人士手中的摄影与录像权分散到用户手中，进而实现了摄影录像权的去中心化；

电商平台让每一位有能力和意向创业的普通人有机会经营自己的事业，使过去集中在有一定经济和社会资源的人士手中的创业权分散到普通人手里，进而实现了创业权的去中心化……

我们从以上案例中可以看出，“去中心化”过程实质上是各种各样的权力从顶层的专业中心化机构向基层个体下沉。为什么人们在过去几年见证了如此多的“去中心化”？答案是因为数字技术的存在。正如前面所提到的，包括“物、大、移、云、智”在内的数字技术给人们的生产和生活带来的正面影响主要有两方面：一是降低用户的行动成本，二是赋予用户更多的权益。鉴于很多时候降低行动成本也是为了获得更多的权益，例如，使用大容量的中心化云存储，而非小容量的分布式存储卡，可以让手机用户拍摄更多的照片和视频，由此获得更多的摄影录像权。因此，各种数字技术突飞猛进最明显的表现就是一批社会权力快速且大幅度下沉，进而衍生出我们现在看到的各种 C2C 的去中心化经济体系，如共享交通、共享民宿、自媒体、小视频等。而这些服务的提供者，有相当一部分是普通人士，而非专业机构。

需要指出的是，包括数字技术在内的科技因素并非促成各种权力下沉、经济格局去中心化的唯一推动力，经济的发展同样对去中心化具有推动作用。例如，经济改革使集中在农村供销社的经商权下沉到每一名菜农手中，“普惠金融”的推进使集中于大财团的融资权与投资权下沉到颗粒度更小的机构手中，小轿车的普及使集中于公交出租公司的客运权下沉到每一名车主手中……这就说明，不管是科技更迭也好，还是经济发展也罢，只要社会的进步在不断地惠及每一个小颗粒度的团体或个人，使他们手中的权益逐渐增加，那么各种权力的下沉趋势以及经济格局的去中心化就不会停止。至于让信息记录权下沉的区块链，虽然它使“去中心化”一词名满天下，但它并不是第一个去中心化的产品，也不会是最后一个去中心化的产品。

2.2 去中心化的有限性

然而，我们也要注意一点，虽然从理论上讲“去中心化”的理想状态是将权力下沉到每一个个体的手中，但在现实中很多权力并不能无限下沉，而是会存在一个底线。在横向视角上，则表现为去中心化程度的有限性，也就是人们常说的“多中心化”。造成这种现象的原因是多方面的，目前看来主要包括三点，如表 2-1 所示。

表 2-1　限制权力下沉的三重因素

限制因素	案例
硬件条件	农产品提供权、电力提供权、音像产品提供权等
软件技能	软件产品提供权、咨询服务提供权、自媒体服务提供权等
道德束缚	融资服务提供权等

（1）硬件条件的束缚

众所周知，很多权力的行使往往离不开相应硬件的辅助。以上一节中提到的农业为例，由于农产品的种植与供应需要包括土地和肥料在内的诸多设施，因此其产品的供应权只可能下沉到有耕地的农村居民手中，而不是城镇居民那里。后者最多只能在自家花盆里种蒜苗、用豆芽机做豆芽而已。再如能源行业，“太阳能光伏板 + 民房屋顶”的组合使电力的供应权可以下沉到每一位住平房的农村居民手中，而很多城镇居民由于住的都是密集的蜂巢式公寓，没有自己的专属屋顶，因此也就与这种权力无缘。也就是说，对于农村居民而言，由于在他们的活动半径之内有很多农产品与电力供应商，因此对其而言，这些产品的供应往往是去中心化的，理论上他们可以选择任意一家供应商进行对接；而对于城镇居民来说，由于在他们的活动半径之内并没有很多供应商，因此这些产品的供应就是比较中心化的，其只能从负责撮合的中间商（如生鲜超市和售电公司）购买产品。

（2）软件技能的束缚

硬件的配置固然是服务权下沉的重要基础，但懂得如何使用这些硬件的软件技能也很重要。例如，在上面的农业案例中，即使让很多城市居民迁到农村居住，并且拥有自己的耕地资源，但可以预见的是当地农产品的供应格局不会因为他们的到来而更加去中心化。因为绝大部分城镇居民没有掌握相关的农业技能，更不要提对外输出了。再如在计算机行业中，尽管现在个人电脑已经成为很多家庭的标准配置，但并不代表每个人都可以通过编程来研发软件，进而打破互联网巨头对科技产品的垄断，因为目前写代码仍是一项较为小众的技能。也就是说，软件技能的提供权仍然没有实现较大幅度的下沉，目前这个领域的格局也是相对中心化的。

（3）道德方面的束缚

除了硬件条件和软件技能之外，在有些涉及交涉对象切身利益（例如，人身与资产安全）的细分领域，服务提供者的道德水准也是非常重要的。例如，在共享交通领域中，尽管目前小汽车、驾驶技能和路况 App 的普及使很多驾驶员都具备了出租车司机的基本技能，但并不代表客运服务的提供权就可以下沉到每一个满足这些条件的人的手中。如果从事客运的驾驶员品行不端，那么很可能就会对乘客的人身安全造成严重威胁。再如投融资领域，如果申请融资的机构没有良好的信誉，最终很可能就会以“早期项目风险大”的名义肆意挥霍投资者的资金，甚至干脆直接卷款跑路。

综合以上分析可以看出，由于不同行业的硬件条件与软件技能的普及情况千差万别，同时对权力使用者的道德要求也不尽相同，因此，不同权力的下沉幅度往往是存在差异的，其可以容忍的去中心化程度也有所不同。这种差异主要体现在三个方面。

（1）不同的行业，其去中心化程度不同。例如，教育行业的去中心化程度就要比医疗行业强。

（2）同一行业但不同环节的去中心化程度不同。例如，在电力行业中，发电环节的去中心化程度就要比输电环节强。

（3）同一环节在不同时间点上的去中心化程度不同。例如，文娱行业现在的去中心化程度就要比二三十年前强。

应该说，能够认识到影响去中心化程度的诸多因素，以及客观看待各行各业去中心化的现状与未来，对于正确理解“去中心化经济”有很大的帮助。从最初两年的发展情况来看，很多人在这个问题上都曾经陷入过误区。例如，当“去中心化”一词在区块链概念的助力下走向火热时，很多人认为区块链技术可以将一切行业的一切环节都进行去中心化，中心化巨头被颠覆已是指日可待；而在区块链概念遇冷之后，很多人又认为所谓去中心化是纯粹的炒作，各行各业都回归到中心化的格局才是正道。出现这种“走极端”情况的原因，归根结底还是对“去中心化”一词缺乏准确的认识。

不过，尽管目前舆论对“去中心化”的看法有时会有失偏颇，但从历史来看，社会对很多新概念都经历过这样一个“似懂非懂”的适应过程。随着时间的推移，人们对“去中心化经济”的认知将会随着理论与实践的结合而更趋成熟。在这种觉醒的主观意识和不断发展的客观环境中，社会经济整体重心的下沉、各行各业去中心化程度的提升都将是一个难以逆转的趋势。

2.3　信息中介存在的必要性

毋庸置疑，去中心化经济给人们带来了前所未有的便利，但同时也给社会治理带来了前所未有的挑战。其中最明显的当属利益主体之间的信任问题。具体地说，是在很多行业去中心化、行业中的个体失去中心化机构品牌站台的情况下，要如何在服务的提供者与消费者之间搭建信任的桥梁，让双方顺利地进行对接与交易。由于消费者本身的精力有限，无法逐个对众多服务提供者进行高成本的详细调查，因此对其而言，最好的方法就是选择一个可信的利益主体作为信息中介，让信息中介对这些去中心化的服务提供者进行审查，最终通过信任链条将自己对信息中介的信任传递到分散的服务提供者之上，如图 2-1 所示。

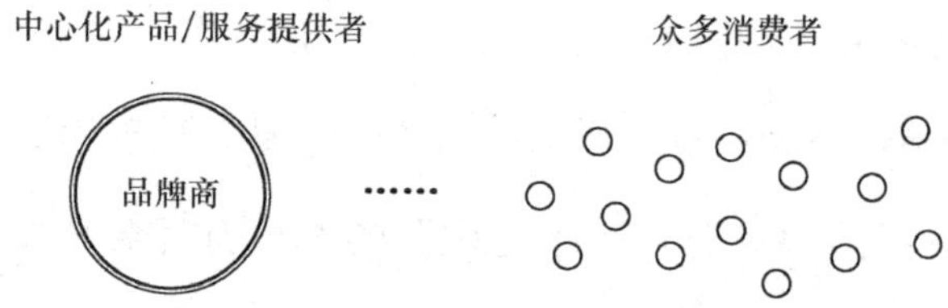

图 2-1　去中心化商业体系中，供需双方的对接高度依赖信息中介

从这点来看，在去中心化的经济体系中，进行信息审查与筛选的信息中介堪称最重要的角色之一。纵观互联网发展的历史可以发现，近年来很多声名鹊起的科技巨头所从事的正是这种“站台兼撮合”的工作。例如，优选电商就是在为去中心化的优质产品提供者站台，搜索引擎就是在为去中心化信息提供者站台，小视频平台就是在为去中心化视频提供者站台，共享经济 App 则是在为 C 端的交通、住宿服务提供者站台……可以说，任何一个看上去不起眼的细分领域都有可能诞生独角兽体量的信息中介，进而支撑这个行业去中心化经济体系的发展，最终对社会发展产生巨大的影响。

但是，从近些年的情况来看，信息中介本身也存在很多问题。具体地说，一旦某个行业的信息中介出现一家或几家独大的情况，这些信息中介要么会在主观方面出现态度上的消极懈怠，要么会在客观方面因为工作集中积压而导致服务质量下降，在辜负用户信任的同时，也给其切身利益造成损害。例如，某些搜索引擎在为用户显示服务的供应商时，并不是根据供应商的服务质量，而是根据其给自己支付的赞助费来进行排序，也就是人们熟悉的“竞价排名”。这样一来，用户对信息中介的不信任必然会传导到去中心化经济体本身，进而对后者造成直接的冲击。例如，在前两年的网约车安全事故发生后，因为对中介平台表示不满，很多消费者选择卸载去中心化的交通网络软件，进而重新转向中心化的公交车和出租车。

在这样的情况下，很多人为了打造一个更理想的去中心化经济体系，便提出了“去中介化”的方案，也就是试图在交易网络中剔除信息中介环节，让产品和服务的提供者与消费者进行直接对接。类似于“没有中间商”的口号就是这种设想的直接体现。然而从现实情况来看，要想在不影响正常的产品和服务流通的情况下做到这一点并不容易。虽然中介机构不直接从事生产工作，但它们却通过信息的筛选与撮合，使相关的产品和服务尽早地实现了对接，并产生了商品流与现金流。如果消费者想要享受这样的附加服务，就必须通过中介。以房产中介为例，如果没有其存在，在绝大多数情况下，人们就不得不如同大海捞针一般自己去搜寻相关信息。

如此一来，人们就只能退而求其次，在保留信息中介的同时，又要避免其权力过于集中，以提高服务质量，也就是所谓的“弱中介化”。而打造可信信息中介的技术就是本书将要重点介绍的区块链，其原理大致如下。

通过利用区块链上信息极难篡改的特点，将相关的信息记录到区块链上，进而增强信息中介所记录历史数据的可信性。尽管这听上去比较简单，但因为不同行业、不同环节构筑信任所需要的信息各异，因此如果能够在合适的场景下使用区块链技术，将会起到意想不到的良好效果。例如，利用难以篡改的区块链发票来验证评论的真实性。

需要指出的一点是，虽然区块链技术可以起到“弱中介化”的作用，同时区块链技术也有去中心化（或者说弱中心化）的特点，但“中心化”一词其实和“中介化”并没有直接的联系。尽管这两个词的中文表达比较类似，而且在经济系统中某些时候会存在重合的情况（例如，人们熟悉的电网公司和商业银行），但它们表达的其实是不同的含义，如图 2–2 所示。中心化的“中心”在英文中一般被翻译成“center”，例如，人们所熟悉的“去中心化”常被称为“decentralized”，多用来指代某一范围内的中心，具体到经济中则表示行业权力的集中度；而“中介”往往被译为“middleman”，多用来指代链条中的某一环节，在经济中则多指产业链中的信息筛选与撮合机构。显而易见，“中心”与“中介”之间没有必然联系。有些高度中心化的机构并非中介，例如，负责上游资源开采的石油寡头；有些中介环节所呈现的行业趋势也并不中心化，例如，小商品批发零售领域的众多中间商。这是在进行相关问题的分析时需要特别注意、切莫混淆的。

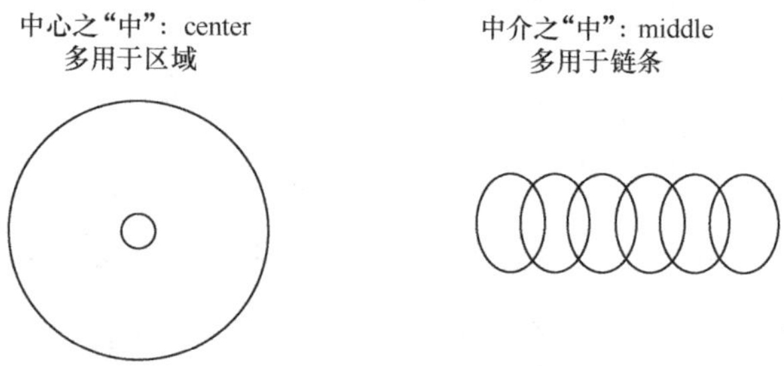

图 2–2 “去中心化”与“去中介化”的区别

2.4 区块链对不同类型信息中介的提升作用

在了解了去中心化经济的定义以及信息中介与区块链技术在其中所起到的作用之后，我们来具体看一下区块链对去中心化经济中信息中介的影响。

正如前面所提到的，区块链技术对于去中心化经济系统的作用主要是降低利益主体之间的信任成本，进而促成双方的顺利对接与交易。而实现的方式则是将相关的服务信息记录在极难篡改的区块链上，以解答人们关于交涉或交易对象是否值得信任的疑问。然而，正如世界上有些题目是有标准答案的选择题、有些题目是没有标准答案的问答题一样，对于交易者的疑问，区块链有时可以给出准确的答案，例如，回答“某人有没有做过某件事”，但对某些问题却不能给出标准的答案，例如，回答“某人做某件事做得怎么样”。一般来说，有标准答案的往往是那些有着明确行业标准的产品与服务，简称“标准型服务”；而没有标准答案的则恰好相反，属于没有行业标准的产品与服务，简称“非标准服务”。

从这点来看，区块链要想在去中心化经济体系中创造利益主体之间的信任，其过程与原理没有想象的那样简单。尤其值得注意的是，在去中心化经济中，难以用行业标准简单地衡量的非标准化产品和服务为数并不少，而且其规模还在持续扩张。出现这种情况最主要的原因是随着经济的发展和生活水平的提高，人们对产品和服务的需求已经从马斯洛需求理论底层的生理和安全需求上升到了更高阶的尊严和自我实现需求。满足底层需求的产品和服务的特点是由于它们所处的发展阶段比较成熟，很容易用清晰的行业标准来评判；而满足高阶需求的产品和服务很多尚处于初期发展阶段，往往缺乏相关的标准，因此描述起来存在一定的困难，如图 2–3 所示。

以民宿行业为例。在现在的互联网短租平台中，房屋的提供者可以通过相关的标准框架来明确地告诉消费者，自己的房屋有什么样的、能够满足基础需求的设施，如洗发水、吹风机、空调等。这些信息通过标准化和结构化的图表展示，可以说一目了然。但是在满足客户更高阶的需求方面，如房屋的配色氛围、窗外所对应的景色，甚至所处位置是否满足某些摄影爱好者的拍摄需求等条件上，服务提供者是无法用简单的标准来概括这些特征的。例如，房主宣称自己的房屋是地中海风格，虽然勉强算是进行了标准化，但绝大多数人搞不清什么叫地中海风格；而且，地中海风格也有很多细分类别，该房主的装饰未必适合其他用户的口味。由此可以看到，对这种高阶需求进行标准化的描述真是不太容易。

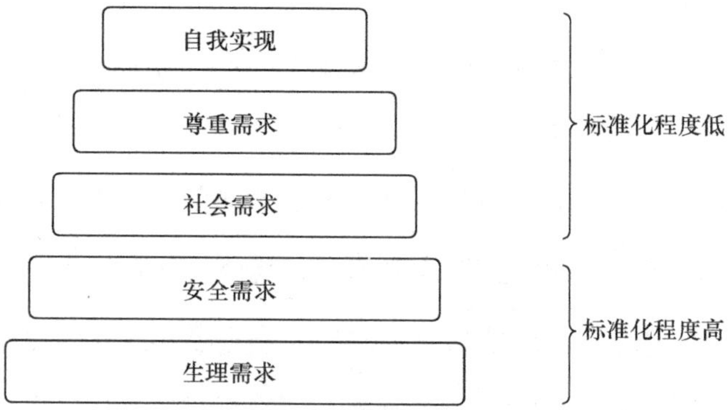

图 2-3　行业的标准化程度与其满足的需求有一定的关系

严格地讲，“满足基础需求”与“满足高级需求”的产品和服务，并不一定与“标准化”和“非标准化”绝对对应。很多用于满足安全与生理需求的产品和服务到现在也没有完全实现标准化。例如，在牙医领域，电动牙刷的震动幅度在何种范围内才不会对人的牙齿造成伤害，目前学术上仍然存在争议。而很多用于满足享受与审美需求的产品和服务也不一定完全无法进行标准化。例如，国外的某些电影分级制度经常会根据影片中暴力程度的不同对受众的年龄段进行划分。这间接说明了如果相关部门有意愿的话，完全可以对相关的产品和服务进行标准化。

然而，需要注意的是，以上案例中所提到的影片分级，它的评判目标虽然是用于满足精神需求的影视作品，但针对的主要还是一些可能会影响到人们基本安全与生理需求的因素。例如，不良影片对年轻观众成长的影响等。至于针对更高级需求的因素，如影片的审美价值如何、演员的功底是否深厚、是否值得深度思考等，相关部门很少会进行干涉，去搞诸如“电影精彩程度分级”这样的框架。而且，在可预期的时间内也不会制定相应的标准。因为对于相关部门而言，这是一项成本浩大但收效却比较低的工作。

从以上分析可以看出，社会需求的逐渐升级与相关产品和服务标准的缺位，使非标准化的产品和服务在相当长的一段时间内还会持续地活跃在人们的生活当中。尽管民间时常会衍生出一些被称为“标配”的非官方标准，但需求的逐渐升级决定了消费者注定不会只满足于那些已形成“标配”的产品和服务，而是会将需求持续向那些更个性化、官方与非官方的标准尚未覆盖到的领域延伸。例如，幼教行业最初的作用只是为孩子们提供一个集体玩乐的场所，以及进行一些基础课的教授。而随着所有的幼儿园都配备了这些服务，家长们对校方开始产生了更高级的需求，像是经常组织一些课外室外活动，让孩子们经常接触一下大自然，等等。但当这类活动也成为幼教领域的所谓“标配”之后，新的需求又再度衍生出来。例如，要求校方通过一些艺术课和思维课来培养孩子的逻辑和审美能力。也就是说，产品和服务的相关标准很有可能永远都追不上它们的非标准化程度。

在了解了产品和服务的发展趋势之后，我们来具体关注一下区块链在这些领域的结合方式。在 2.3 节中，我们已经介绍了区块链如何在标准型服务领域构建信任，因此不再赘述，这里主要关注非标准型服务领域的情况。正如上文所言，在这些细分赛道上，区块链并不能直接告诉相关的利益主体，与其进行交易的对象是否值得信任。那么，谁才能够解答消费者或用户的这个疑问，进而成为其可信任的中介呢？从目前来看，可参考的选项包括中介平台上的评论，甚至进行排名的中介平台本身等。而这样的平台往往是那些通过较长时间积累，沉淀了一定数量用户的中心化大企业，具有品牌效应与行业权威。

在进行非标准产品的评估方面，中心化平台其实不是一个特别完美的可信任中介。毕竟非标准产品本身有较多的评价维度，而评论者往往也会有自己的主观局限。至于中介平台本身就更不用说了，其在利益的驱动下就可能会扭曲事实。例如，某些采取竞价排名的旅游中介平台经常会对一些“知名景点”进行置顶或靠前处理，下面的评论也普遍持正向态度，结果有些旅客到了之后却感觉不过如此；反倒是部分榜上无名的景点带给旅客的体验相当不错，令人额外惊喜。

在这种情况下，尽管区块链技术不能直接对非标准产品和服务是否值得信任给出答案，但人们仍然有必要利用它来提高相关答案的精准率。例如，在评论方面，用户可以通过消费后产生的区块链发票实现“一票一评”，平台则可以确保对产品和服务做出评论的都是真正花过钱的消费者，而不是机器人组成的刷票者；在平台排名方面，通过将点击率和热度实时记录在链上，让那些真正优质的产品能够排在前面，避免平台方面对服务商排名进行故意操纵。这就是区块链技术在“非标准服务”连接不同利益主体方面所能起到的作用，如表 2-2 所示。

表 2-2　区块链在不同细分行业中所起到的作用

	标准型产品和服务	非标准型产品和服务
痛点	主要满足基本需求	多满足高级需求
解决方案	将服务者相关信息上链	将评判者相关信息上链

2.5　区块链与不同类型企业的结合方式

通过上一节，我们了解了区块链在不同类型产品和服务的去中心化主体之间创造信任的方式。对于标准型产品，区块链只要简单地告诉人们，对方是否符合相关条件即可；而对于非标准型产品，区块链则需要通过提升评价的真实性来尽可能呈现相关利益主体的本来面目。其中，我们会发现一件很有意思的事情，那就是对于非标准型产品来说，区块链技术发挥效果是要建立在原中介平台拥有流量、汇聚了较多评论与点击率的基础之上。只有这样，谈论评论的真假才有意义。而这样的中介平台往往都隶属于大企业。如此一来，就涉及一个需要思考的问题，那就是区块链技术更适合应用于大企业还是小企业?

要回答这个问题，我们需要对上一节中“标准”和“非标准”两类行业进行延伸分析。

在标准服务型行业，信息中介所提供的服务相对来说比较同质化，就像判断题和选择题一样，原有信息中介所提供服务的可替代性强。如此一来，中心化中介如果出现纰漏，其服务质量就很容易被其他竞争者赶超。但与中心化中介相比，竞争者很多时候不是差在服务质量，而是差在可信性之上。通俗地讲，用户不是担心你做得怎么样，而是担心你有没有做。在这样的情况下，就有必要利用区块链技术难以篡改的特性，将原本集中于中心化中介的可信性下沉到那些使用了区块链技术的中小型信用中介处，如此才能让这些利益主体获得用户的信任。也就是说，在这个细分领域，区块链技术所起到的作用实际上是弥补了中小型信用中介最短的那块木板，也就是由时间所积累的行业声望。而大型信用中介的短板不在声望这一块，因此区块链不能对其产生直接的提升作用。

以区块链的早期应用“比特币网络”为例，区块链作为转账各方信任的中介，其作用就是记录各个账户的变化情况。这种工作的同质化程度非常高，假设 A 通过知名银行、普通银行或区块链网络三种途径向 B 转账 100 元，在记账方可靠的前提下，最后 B 基本都能收到这笔钱。除了手续费与转账速度之外，各机构的服务质量一般相差不多。因此，当一些人通过原有的跨国转账网络 SWIFT 无法及时地完成汇款时（SWIFT 素以效率慢出名），便会转用速度更快的区块链网络。事实上，很多区块链网络不具有很高的行业品牌知名度，但它们为什么能够获得很多转账者的青睐与信任？其中一个原因就是区块链网络上的账户变动信息是极难篡改、高度可信的。

在非标准服务型行业，信息中介提供的服务相对来说不是那么同质化，就像问答题一样。一般来讲，流量越大的平台由于看待问题的视角更多，因此其所呈现的回答更立体细致。也就是说，这些信息中介提供的服务是有由流量所支撑的核心竞争力存在的，其可替代性较弱。所以，这些细分赛道上的区块链技术更有可能是以大企业作为自我提升、提高可信度的工具而存在，如杜绝刷评论等行为。至于小企业，几乎不太可能仅仅通过区块链新产品就对原有的利益格局造成冲击。因为对于大企业而言，其要想打造一款可信的区块链爆款产品，只需要在自家原有的爆款产品中植入区块链技术就可以了；而对于拥有区块链技术的小企业而言，要想达到同样的目标，却需要想方设法将自己的区块链产品做成爆款。在 PaaS 层的公链私链技术高度过剩，而流量与注意力资源越来越稀缺的今天，小企业所面临的挑战显然要比大企业更大。

在这方面，由于区块链应用的推进进度较慢，因此尚未有落地先例，但从目前行业的一些发展态势中仍可窥得蛛丝马迹。例如，在 2018 年网约车安全事件频发、传统的中介平台信誉严重受损之时，围绕包括交通和住宿在内的共享经济出现了一系列基于区块链的去中心化应用，其目标则是要打造“让供应方更可靠”的区块链共享经济平台。不过，从后续的推动情况来看，不少项目都出现进展不顺利的情况，从而普遍被人认为是空壳、空气。其中的一个重要原因就是这些平台没有流量的汇聚，使作为鉴定者的区块链没有鉴定对象，自然也无法体现出产品的优势。

通过对以上内容进行总结，我们基本可以得出以下结论：在不同类型的产品和服务领域，企业切入区块链的方式也有所不同，如表 2–3 所示。在标准服务行业，区块链技术更适合被小企业采用，作为弥补其可信性短板的最好工具；大企业由于此前已积累了较多的行业声望，因此区块链技术对其提升效果不明显。而在非标准服务行业，区块链技术更适合被大企业采用，用来提升自身流量与评论的可信程度，小企业由于缺乏作为“信任原材料”的流量，因此采用区块链技术的意义不大。

表 2-3　区块链与不同类型企业的结合方式

	标准型产品和服务	非标准型产品和服务
痛点	主要满足基本需求	多满足高级需求
解决方案	将服务者相关信息上链	将评判者相关信息上链
适用企业	小企业	大企业

需要指出一点，上述区块链技术解决方案的落地，前提是现有中心化机构在用户群体中的信任基础出现松动的情况下。如果普通用户对现有的信息中介表示高度的信任，那么，无论是小企业借区块链概念创业，还是大企业通过区块链进行自我提升，其推动力都是比较有限的。从现实来看，这种情况并不鲜见。毕竟对于用户而言，信任中心化机构有时可能只需要良好的产品体验，甚至创始团队的励志故事就可以，而信任去中心化的区块链却需要搞懂背后复杂的技术原理。因此，我们在寻找区块链技术落地的场景时，应尽可能避开那些产业集中度较高的领域，转而向一些产业集中度较低的领域寻找机遇。因为所谓的“区块链创造信任”，归根结底就是在向用户传达这样一个信息：当某个领域没有任何一个可信任中介值得相信时，你可以选择信赖由多个利益主体进行共管的区块链技术。

3
CHAPTER

第 3 章　区块链 + 第一产业结合方案

3.1 第一产业概述

第一产业是按“三次产业分类法”划分的国民经济中的一个产业部门，指的是以利用自然力为主，生产不必经过深度加工就可消费的产品或工业原料的行业。其划分范围在各国不尽相同，一般包括农业、林业、渔业、畜牧业和采集业，有的国家还包括采矿业。在我国，按照国家统计局对三次产业的划分规定，第一产业主要是指农业，同时包括林业、牧业、渔业等。

众所周知，第一产业是国民经济稳步发展的重要基础，由其提供的各种农产品满足了人们包括衣食在内的、诸多最基本的需求。随着社会的发展与人类需求的不断升级，建立在第一产业基础上的第二和第三产业在最近两个世纪中飞速发展，而第一产业的增加值和就业人数在国民生产总值和全部劳动力中的比重则呈现不断下降的趋势。

按理说，考虑到其他产业较快的发展速度，第一产业各种指标比重的“萎缩”本来不应该让人感到意外。然而，第一产业的相对边缘化还有另一个无法回避的缘由，即社会对第一产业所聚焦的关注度和倾注的资源也已远不如从前。这种情况导致的一个直接后果是虽然第一产业发展的历史较为久远，但并未能提供与其发展历史相匹配的、更成熟完备的产品。近年来，像食品安全这样与第一产业有关的社会问题层出不穷。例如，某些软件园区的员工就曾调侃：自己研发着全国乃至全球最前沿的科技产品，却不能确保自己订的外卖是源自放心食品。

其实，这个故事不是一个孤立的案例。纵观各国发展历史便会发现，很多国家经过城镇化拥有了良好的基础设施，但因为其向第二、第三产业过度的资源倾斜，导致很多与第一产业相关的基本民生问题被忽视。在这种情况下，近年来很多知名企业在业务拓展上开始“返璞归真”，将目光转移到第一产业上。例如，一些互联网大公司在探索前沿领域之余，还开展了养猪养鸡业务。从这点来看，人类社会的发展经历了一个产业经济的循环：在前沿科技突飞猛进之后，人们开始要巩固第一产业这个已经略微松动的经济基础了。而巩固的手段之一就是采用科学技术。在本章中，我们将对区块链如何应用于农林领域以及它们的结合能够为人们的生活带来怎样的改变进行相关介绍。

3.2 区块链 + 农业：前沿与传统的碰撞

对于大部分区块链从业者来说，农业是一个既陌生又熟悉的行业。说陌生，是因为农业产业链的绝大部分都处于距离城市较远的乡镇地区，很多人对其并不特别了解；说熟悉，是因为在日常生活中，人们每时每刻都要和农业的产品——食物打交道。尤其是从近几年的国际贸易争端中，很多人意识到农产品不仅是必需的生活物资，更是重要的战略资源，甚至是维护货币与金融体系稳定的贸易工具，其对于经济社会的发展有着非常重要的意义。

基于此，本节将针对农业与区块链的结合情况进行分析，以探究在数字经济时代中，传统农业会有哪些变化，以及每一类身处其中的利益相关者在区块链技术应用过程中会受到怎样的影响。

3.2.1 农业：被高流通成本削减的竞争力

与其他国家的农业相比，我国农业的特点之一是市场规模极其庞大，但本土产能却随着耕地的减少而受到抑制，不能满足日益增长的需求。相关资料显示，我国已成为世界上最大的农产品进口国。这种多元化的农产品来源，使我国农业直接面临着与国际市场进口产品的竞争。总体来看，我国本土农产品的价格要高于国外竞品。根据中央农村工作领导小组办公室 2017 年公布的有关消息，我国谷物的价格水平要比国际市场高出 30% ~ 50%，大豆的价格水平要高出 40% ~50%，棉花的价格水平要高出 30% ~40%，糖的价格水平要高出 60% 左右，牛羊肉的价格水平要高出 70% ~80%。这种较大的价格劣势是导致我国农产品竞争力不强的重要原因。而这种情况的出现主要可归咎于两大因素，如图 3-1 所示。

第一，在生产环节，我国农产品的单位生产成本要高于国外竞品。

与我国相比，部分农产品出口国的农业生产要素成本较低，包括土地和水在内的自然资源都颇为丰富，其价格也相对低廉。同时，某些国家的农业技术也较发达，在多种作物以及多个环节上都实现了较高程度的机械化与信息化，而机械的养护费用一般要远低于人工费用。此外，这些机械所带来的单位时间高产量更是进一步摊薄了单位重量农产品的成本。而我国农业由于自然条件的限制，外加机械化程度较低，过于依赖人工，导致总成本偏高，同时产出效率也偏低，最终使其在生产环节单位产出的成本相对较高。

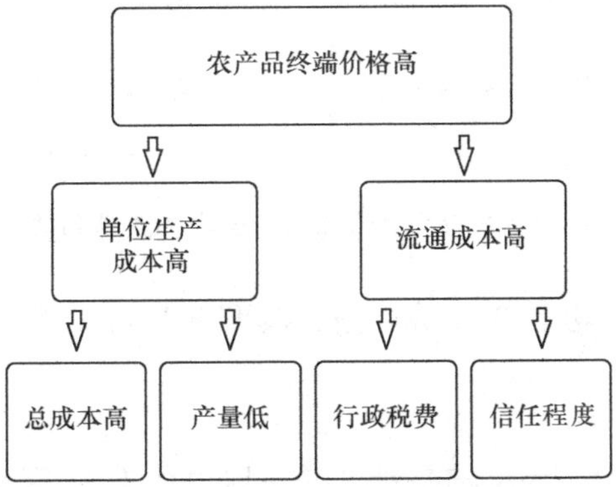

图 3-1 我国农产品价格高的原因剖析

第二，在流通环节，我国农产品流通成本占总成本的比例要高于国外竞品。

目前，我国农产品的流通模式大多比较传统，需经过菜农、初级集货商、产地批发市场、销地批发市场、菜场集市、消费者等多个中间环节，致使流通中介费用偏高。数据显示，国际上农业较发达国家的农产品流通成本一般占总成本的 10% 左右。而我国则为 40% 左右，其中鲜活产品及果蔬产品要占 60% 以上，个别地区和个别品种的这个比例甚至会达到 75% ~95%。在这些成本中，除了一些行政方面的税费之外，产业链中主要利益主体之间的信任程度不够也是推动流通环节成本过高的重要原因。

从上述两大因素可以看出，在机械化与信息化改造尚需时日、农业生产环节压缩空间有限的情况下，采用相关手段削减农产品在流通环节中的信任成本是增加目前农产品竞争力的重要手段之一。而要实现这个目标，我们需要先对农产品的流通链条进行梳理，才能找出切入口。一般来讲，农产品的流通链条至少会涉及四类典型的利益主体，如图 3-2 所示。

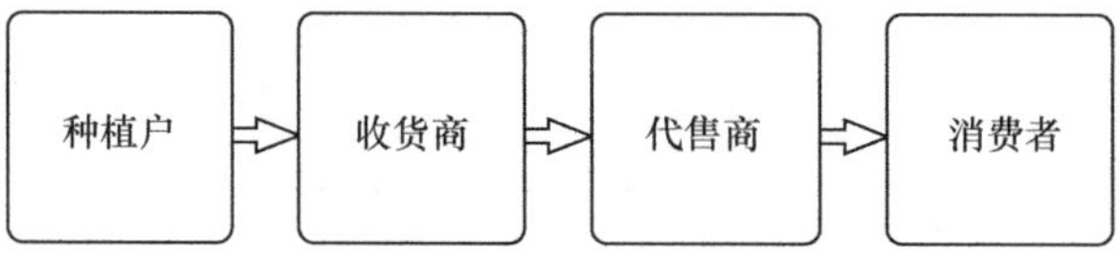

图 3-2　我国农产品流通供应链中的四类利益主体

一是种植户，主要为农民或农场，其职能为对农产品进行生产，同时就地进行销售。

二是收货商，主要为种植基地或某一区域的专业采购者，其职能为对零散的农产品进行集中收购后向下游的零售商进行销售。

三是代售商，主要为在特定市场拥有摊位（又称“档口”）的中介商，其职能为将农产品直接向下游的用户（包括其他中介批发商、零售商或终端消费者）进行销售。

四是消费者。

目前，农产品的流转链条中有三个环节的信任成本较高：一是种植户与收货商之间；二是收货商等货主[①]与代售商之间；三是消费者与整条农业产业链之间。对于这些情况，我国曾有比较大的公司希望能够借助打造农业全产业链集团的方式来整合这些环节，进而在内部消解这些利益主体之间的信

① 在与代售商进行对接的过程中，除了有从种植户那里直接拿菜的收货商以外，还有可能是一些其他中介批发者。这里为了方便阅读，主要以收货商作为货主。

任与摩擦成本。从目前的情况来说，由于经验不足等一系列原因，这个过程进展不顺利，暂时还不能成为行业的主流发展模式，尚需相当长时间的发展才能在行业内占有一席之地。也就是说，在可预期的时间内，农产品产业链中三个环节的信任成本还会继续存在，但从另一个角度来看，这样的行业现状也为区块链与农业的结合提供了切入口。接下来，我们将对这三个环节的场景做出进一步的剖析，并对区块链在其中可能会起到的作用进行研究与展望。

3.2.2　种植户与收货商之间的信任成本

与大多数行业一样，农产品的生产者，也就是种植户，会把他们的产品就地销售给那些拥有更多渠道的收货商。而这二者之间的对接方式主要可以分为两大类，如图 3-3 所示。

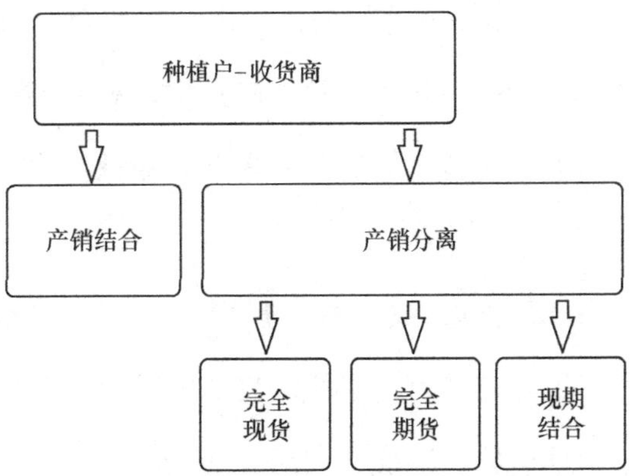

图 3-3　种植商与收货商之间的对接方式

第一大类是产销结合，这种模式多见于一些大基地、大企业、大农场。

其种植面积较大，而且品种相对较简单，所以更适合进行直接销售。一般而言，这类企业会与批发市场的档口进行合作，甚至直接在批发市场租用档口，自己派员工进行销售，也就是与其他批发商、零售商甚至消费者进行直接对接。在这种模式中，种植户与收货商之间不是独立的利益主体，而是一个利益主体下方的两个部门，彼此的利益分配经常由上级部门进行协调，很少会出现信任成本较高的情况，因此暂时不列入这一节的讨论。

第二大类是产销分离，这是比较传统的农产品收购方式，也是目前种植户与收货商之间最常见的对接方式。具体来看，根据价格形成机制的差异，这一大类还可以分为三个子类别。

（1）完全现货，又称产区收货型，是指买卖双方的成交价格完全按照市场行情进行。这种对接模式常见于种植品种较集中的农业产区。由于这类地区种植农户较多，而且普遍规模不大，所以可以通过多笔交易形成市场价格。

（2）完全期货，又称订单生产型，是指买卖双方签订中长期协议，采购方设定产品标准，委托种植户种植特定的数量，种植出来的产品按约定的标准及价格回收。目前，一些大型的蔬菜采购企业往往采用这种方式，如麦当劳、肯德基等。

（3）现期结合，又称包地销售型，是指产品成熟前的一个月左右，收货商在对种植户的产量与市场行情形成较准确的综合判断后与种植户进行洽谈，直接约定一个包地价格，达成协议后，包括后期的管理、采收等工作均由收货商负责。由于这种方式兼具现货和期货的优势，它一方面可以保持较平稳的价格，另一方面也不会出现较大的产品质量差异，因此受到不少种植户和收货商的欢迎。

总体来说，以上三种模式各具特点，如表 3−1 所示。

表 3-1　三种产销分离模式的特点

	优势	劣势
完全现货	在价格方面，价格与货物价值匹配	在数量方面，容易供需失衡，如产生库存等
完全期货	在数量方面，可以较好地保持供需平衡，不易产生库存	在价格方面，最终成交价可能会与货物价值不匹配，如果差距过大，可能会引发违约行为，产生巨大的信任成本
现期结合	在数量方面不易产生库存，同时价格方面也比较匹配	仅适用于相对能够储存的品种

完全现货型对接的优势主要体现在价格上，它可以保证绝大多数成交都物有所值，出现货物质量与成交价格不匹配的情况比较少；缺点则体现在数量上，也就是在完全市场化的情况下，市场上的供需可能会不匹配，从而造成农产品紧缺或过剩。

完全期货型对接则恰恰相反，虽然可以避免出现收不到货或卖不出去，但有可能会造成价格偏高或偏低的情况。例如，在买卖双方已经签订了订单合同的情况下，假如现货价格下降或菜品质量偏低，收货商很可能会付出高于这些产品价值的价格；而如果市场现货价格高涨，则种植户很可能会获得低于市场平均水平的收益。

现期结合虽然融合了上述两种方式的优点，但由于农产品具有受自然条件影响较大的特殊性，因此目前仅适用于相对能够储存的品种，如大蒜、土豆、红萝卜等。

从行业的角度来看，农产品现期结合的对接方式所产生的行业流通成本相对较低，一方面不易产生较多的库存，另一方面又能以相对合理的价格成交。但是，目前其使用范围主要集中在个别品种当中，难以进行全面推广。

相比之下，现货型对接由于没有保底合同，存在一定的滞销风险，因此容易产生较高的行业流通成本。因为对于种植户来说，在滞销产品上所付出的额外成本，最后都是要通过销售出去的产品回收回来的。也就是说，在完全现货的对接模式中，农产品的价格会包含滞销或潜在滞销而产生的溢价。

期货型对接从理论上讲可以有效锁定数量风险，在数量上不易因为信息不对称而出现供需不匹配的情况。因此，与现货型对接相比，期货型对接似乎是一种较理想的销售方式。然而在实际操作中，它的风险却可能比现货型更大。正如前面所提到的，由于农产品受自然条件影响较大，外加当前其流通链条较混乱，种植户与收货商之间的信任基础非常差，经常会出现毁约的情况。如果收货商觉得种植户的产品的真实价值低于早先谈成的价格，很可能会拒绝履约，选择去购买其他种植户的产品；而种植户如果觉得自己的菜品按照市价卖可以获得比合约价更高的价格，则可能会拒绝履约，转而将自己的产品卖给其他收货商。但不管发生哪一种情况，对于买卖双方来说，都意味着上一笔交易的作废，花在这笔交易上的时间、精力以及金钱成本也都成了无用功。但是，这些不必要的成本不会凭空消失，对于这个环节的利益主体来说，他们最后在通过市价来确保自己利益时都会将这些成本计算到价格中。

考虑到期货型对接在目前的种植户与收货商之间仍然是一种被广泛使用的对接模式，因此，利用区块链削减种植户与收货商之间对接的信任成本，对压缩流通成本会起到很大的作用。本节设想了一种解决方案，如表 3-2 所示。

表 3-2　基于区块链的“种植户—收货商”行业解决方案

卖家	买家	操作
合格	按时付款	交易完成，定金各自退回
合格	未按时付款	交易失败，买家定金作赔
不合格	按时付款	交易失败，卖家定金作赔
不合格	未按时付款	交易失败，定金各自退回

买家与卖家基于某底层公链共同设定一个智能合约，同时双方各出一部分定金，锁定在智能合约中。具体数量由双方共同约定，除非双方同时使用密钥，否则智能合约不可单方面篡改。合约的规则大致如下：

（1）若卖家产品的数量与质量均达标，且买家款项入账，则到达时限后，双方定金各自退回，款项发送至卖家账户处，买家提走货物；

（2）若卖家产品数量与质量有任意一项不达标，且买家款项入账，则到达时限后，双方定金和款项退给买家，卖家定金作为赔偿费；

（3）若卖家产品达标，且买家款项未入账，则到达时限后，双方定金退给卖家，买家定金作为赔偿费；

（4）若卖家产品质量不达标，且买家款项未入账，则到达时限后，双方定金各自退回。

从理论上讲，如果存在定金抵押，基于区块链的智能合约可以有效地约束买卖双方的行为，在让买家及时履约付款的同时也促使卖家产品的质量与数量实现达标水平。但是在现实操作中，这个解决方案存在一个问题，那就是在目前我国农业信息化与数字化尚未普及的情况下，卖家产品质量的指标属于链下信息，如对生鲜产品的肉眼鉴别等，是很难以可信的状态被量化记录到区块链上的。这样一来，在这个环节，区块链的解决方案实际上只能用来丈量农产品的数量，而非质量。

从这点来看，在这个场景中，区块链在确保买家款项到位方面可以起到较大作用，在确保卖家产品数量到位方面可以起到一定作用（农产品可能会因为掺水等原因而存在“虚重”情况），而在确保卖家产品质量达标上目前暂时还不能起到太大作用。可能要等到我国农业领域的数字化程度进一步提高之后，区块链才能最大程度地发挥出它的潜力。也就是说，在种植户与收货商之间，“区块链 + 智能合约”的组合可以在特定的情景下起到一定的作用。

3.2.3 收货商与代售商之间的信任成本

与上一个环节类似，收货商与代售商之间也存在着多种对接方式，具体可分为以下两大类，如图 3–4 所示。

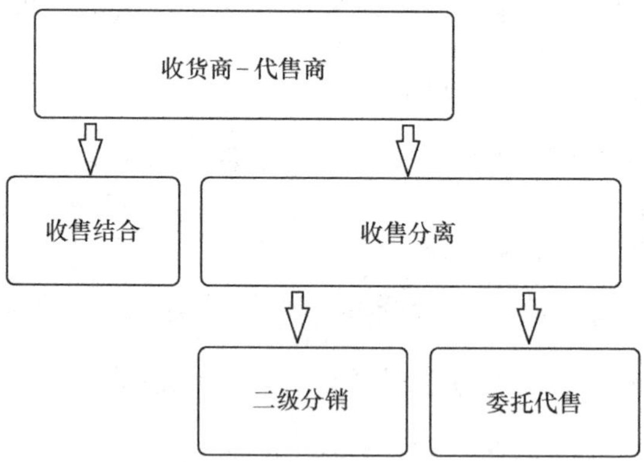

图 3–4 收货商与代售商之间的对接方式

第一大类是收售结合，也就是档口由生产基地或收货商自营，自己销售自己收到的农产品。和上一节中的“产销结合”类似，收货商与代售商彼此之间不是独立的利益主体，而是一个利益主体下的两个部门，其利益分配更多是由上级决定，因此暂时不列入这一节的讨论。

第二大类是收售分离，这是目前收货商与代售商之间最常见的对接方式。根据合作模式，这一大类可以分为两个子类别：一是“二级分销”，也就是代售商从收货商那里进货，然后自己进行销售，整个过程由代售商自负盈亏；二是“委托代售”，也就是收货商把货发给批发市场的合作代售商，由代售商负责销售并收取代卖费，整个过程由收货商自负盈亏。

总体来看，在目前的农产品行业，收货商与代售商之间仍以收售分离的对接方式为主。其原因主要有以下几点。第一，批发市场档口资源是有限的，并非想有就能有。尤其是某些交易繁荣的市场，闲置的档口非常难找，即使找到了，费用也比较高。第二，由于农产品具有季节性，很多基地或收货商不是长年都有货供应，绝大部分只有一个生产季节，时间很短，如果自设档口，成本非常高。第三，生产与销售属于不同的分工，各自具有独特的专业性，没有长时间的经验及资源积累，未必能销售出好价格。所以，农业产业链中的收货商和代售商一般都是不同的利益主体。而在收售分离中，由于“委托代售”无需花费大笔资金从上游买入货源，对相关的经营主体来说，其盈利模式更像是服务而非贸易，经营风险相对来说较小，因此是农产品行业由来已久的主流对接方式。

但是，随着近年来互联网技术，尤其是移动互联网的发展，这种传统的农产品对接方式正面临着前所未有的挑战。一方面，代售商依然采取较为“黑箱”的方式来为委托人进行代销售；另一方面，收货商却可以通过互联网从各个渠道获得一些亦真亦假的价格信息。这种旧模式与新技术之间的冲突，很快引起了收货商与代售商之间的信任危机。

从收货商的角度来看，他们如果发现自家产品的成交价低于早先的预期，或者与其他同行存在出入，便会觉得代售商的议价水平有限，导致自己货物的价格被低估，甚至有时候会认为代售商为了牟利，存在虚报成交价的行为。

在代售商看来，农产品本身存在质量多元化和行情变化快的特点，收货商如果将不同质量的货物或不同时间段的价格进行对比，本身就有失偏颇。至于虚报价格的行为，收货商的担忧亦是多余的。近年来，代售领域的竞争越来越激烈，档口与人力的费用有所上升，代售商不太可能为了短期的利益而失去长期的客户。所以，他们所担心的恶意虚报价格的情况，实际上并非行业主流行为。

很显然，收货商与代售商各执一词，对于双方达成共识并无太多帮助。双方的不信任程度在近年也越来越深，其中最直观的体现有两点。一是在空间维度上，收货商越来越趋向于将自己的货分为几份，在市场找多个档口代卖，以便互相比价。二是在时间纬度上，双方的合作周期逐渐缩短：在行业发展早期，收货商与代售商之间的合作时间可以达到数年，而现在能够合作一个季度便已经十分理想，有不少买卖方甚至只能以天来计数。在彼此之间迅速透支掉早期的期待与信任之后，双方便会一拍两散，寻找新的合作对象。由此一来，农产品流转市场上便形成了一个奇特的景象：虽然市场上的收货商和代售商都很多，但收货商却天天在找代售商，而代售商也天天在找收货商。

毫无疑问，收货商与代售商之间这种走马灯似的短期合作关系耗费了很多时间与精力。在收货商看来，长期的合作虽然花费的时间与精力成本较低，却会使自己的收益也有所下降；短期的合作虽然要不断地寻找伙伴，但至少可以获得相对满意的价格。然而，他们没有意识到，这个最终的成交价格已经无形中包含了农产品因收货商与代售商互不信任而产生的时间与精力成本，在最终抬高了农产品终端价格的同时，也削弱了自身与进口农产品相比的国际竞争力。

在这种情况下，用区块链来削减收货商与代售商之间因为互不信任而产生的无谓的时间和精力成本就显得比较重要。具体的解决方案大致如表 3-3 所示。

表 3-3　基于区块链的“收货商—代售商”行业解决方案

收货商疑虑	区块链解决方案
主观虚报价格	单笔交易追溯
客观能力不足	市场整体追溯

（1）通过预言机等技术设备及手段，将农产品交易市场的称重与支付设备接入区块链中，使其产生的数据信息可以上链。

（2）实现每笔交易格式的标准化，交易进行中农产品的重量以及成交总价都会自动通过相关设备被记录到各自所处的每笔交易中，进而通过“成交总价 / 农产品重量”的方式来计算得出每笔交易的单价。这样方便收货商与代售商之间进行价格核对，从而可让代售商证明自己并未虚报价格。

（3）市场方面可将特定品种的交易价格进行汇总，形成类似于金融市场交易所的价格—时间 K 线图，每笔交易匿名但可回溯，能够查询成交量与成交价。这样一来，可以让收货商看到特定时间的成交价格，避免因为农产品行情变化过快而对代售商产生“议价能力欠佳”的疑虑。

在这个场景中，区块链的使用基本解决了收货商和代售商之间的“主观不信任”问题。也就是说，在相关规则设置合理的情况下，利用区块链的可追溯特性，收货商可以通过查询单笔交易的成交情况，清楚且实时地了解到代售商在“委托销售”的过程中究竟有无虚报价格的行为。同时，在“客观不信任”方面，通过查询整个市场的交易价格变动情况，收货商可以了解到自己所委托的代售商的成交价格与其他同行之间是否存在较大的差距。

但是，正如前面所提到的，与一些同质化程度较高或比较标准化的产品不同（如电力、原油等），农产品的品质是比较多样化的。即使同一个品种的产品，也有可能因为光照、土壤、灌溉等原因而导致质量出现一定的差异，它们的成交价格也将因此而有所不同。如果货主方面无法正确地认识到这一点，那么在发现自己的货物与同类产品在同一时间点出现价格差异时，他们仍然可能会对代售商的议价水平产生质疑，这一点是区块链所无法弥补的。因为在农产品质量的鉴别上，目前在农产品流通领域还没有特别标准化的指标，也很难以量化的数据状态上链。不过总体而言，在这个环节中，区块链还是起到了比较大的作用，毕竟目前交易信息还是比较数字化的。

3.2.4 消费者与农业产业链之间的信任成本

农业产业链中最广为人知，也是对行业影响最大的信任危机，往往出自消费者与整个农业行业的供应链之间。这一信任危机所带来的成本不会在农产品的终端价格中体现出来，但它却会使消费者认为本土农产品具有较大的风险。因此，即使在价格相同的情况下，很多消费者也会转而选择进口农产品。

消费者对农产品的不信任感不是某一个品种在某一个环节的“点”，而是源自于很多品种乃至整条产业链的“面”。无论是蔬菜、水果、生鲜、鱼肉等横向种类，还是生产、加工、流通、分配等纵向环节，消费者几乎是全面质疑。例如，如果农产品的品相比较鲜艳，便会被消费者怀疑打了农药或上了色素；如果农产品体量比较大，便会被怀疑使用了膨大剂；如果农产品换了颜色或形状，又会被怀疑是转基因产品。对于这些涉及 C 端用户的种种不信任情况，近年来人们都有所耳闻。

目前，市场上旨在解决 C 端消费者对农产品产业链不信任的区块链解决方案主要是从溯源入手，但存在以下三点问题。

第一，农产品产业链实现可靠信息上链还有较大的难度。目前，在农产品产业链中，下游对上游产品质量的验收很多时候是以行业经验来进行的，尚未形成较严谨的行业标准，以及相关信息与数据的信息化采集过程。即使被记录到了区块链中，也很难说是值得信赖的信息。

第二，即使信息上链，对于消费者来说，他们由于在日常生活中能够花费在农产品挑选上的时间比较有限，因此也很难有精力去仔细研读链上的产业链信息；即使有，也很难鉴定这些指标是否真正符合相关的安全标准。

第三，链上信息与链下产品可能不是对应的关系。例如，根据央视《焦点访谈》的报道，有些超市在销售蔬菜时将部分普通蔬菜贴上有机蔬菜的

"有机二维码"进行售卖，从而出现了包装二维码与具体农产品不匹配的现象。考虑到有机蔬菜的溯源和区块链溯源在原理上颇为类似，因此这样的情况很可能也会出现在农产品的区块链溯源方案上。

在这样的情况下，通过"直接把农业数据推送给消费者"来获取信任的行业解决方案，实际上只能覆盖农业产业链的一部分环节。而在这一部分环节，目前也存在很大的优化空间。对于消费者来说，他们之所以会选择进口农产品，本质上是因为他们信任这些国家的农业供应链、检验体系以及后续的分配包装流程。换言之，这些进口农产品的背后是有产品来源国的农业实力、完善检验甚至商业环境做背书的，这才是消费者能够快速产生信任的标志。因此，如果未来能够实现农业可靠数据的上链，那么与其通过区块链把相关的信息全部推送给消费者，不如把这些数据推送给权威的监管部门，让监管部门对自己的产品进行认证。因为对于消费者来说，监管部门的认证与背书才能让他们快速看懂相关标志，并且对产品产生一定的信任。

然而，严格地讲，即使数据上链可以规范未来的农业供应链，但这种解决方案仍然是存在疏漏的。因为在最后的人工装配阶段，相关机构与人员仍然会因为缺乏见证者而存在作恶的可能。例如，与前面所举的《焦点访谈》讲到的案例一样，把二手的监管合格标志贴在不合格的农产品上，对于这一点，目前区块链还无能为力。而通过区块链来削减消费者对整条农业产业链的信任成本，仍将任重道远。由于相关工作的复杂性，因此从本节所提到的三个环节来看，区块链在这个环节的落地可能是最滞后的，如图 3－5 所示。

图 3-5　农业解决方案最有可能的落地顺序

3.2.5　总结

从农业与区块链的结合情况来看，这个领域始终面临着产业链数据难以上链的困境，但农产品的价格敏感性与多样性又要求其生产与流通过程高度透明，这就决定了在可预期的时期内，区块链更多会在一些小范围的对接环节率先进行一些特定场景的应用。随着农业产业链的数字化改造、农产品质量体系的标准化，甚至整个商业环境诚信程度的提升，区块链在农业中的应用将会逐渐铺开。与其他行业相比，它消耗的时间相对最多，但其给社会带来的潜移默化的影响（包括健康、就业、贸易等）也将是最大的。

3.3　区块链＋林业：用数字技术增强绿色壁垒

谈及林业，目前业内经常提到的一句话是“绿水青山就是金山银山”。这句话透露了林业的一个重要特点，那就是其兼具经济与生态的双重效益。根据 2008 年国家林业局与统计局发布的《林业及相关产业分类（试行）》，林业主要分为四大类：负责具体培育运营的“林业生产”、负责生态与其他功能的“林业旅游与生态服务”、负责相关上游服务的“林业管理”，以及负责林木产品制造的“林业相关活动”。虽然随着近年来的社会发展以及公众环保意识的增强，与生态保护相关的产业已逐渐受到人们的关注，但相对来说，林业还是一个比较低调的领域。在本节中，我们将对区块链在林业的落地情况做出分析与展望，进而探索区块链技术对这个领域及相关的生态效益会产生哪些影响。

3.3.1 林业：被资本遗忘的冷门行业

正如上文所述，虽然林业在日常生活以及生态保护中有着重要的作用，但它和农业一样经常游离于主流舆论的视线之外，甚至由于缺乏贴近C端用户的终端产品而相对来说存在感更低。出现这种“流量荒地”情况的深层原因，很大程度是因为林业不是一个能够带来充裕现金流的行业，对人的吸引力有限。在成本侧，由于树木生长周期较长，林业的发展前期投入大、经营风险多，使其进入门槛要远高于其他垂直领域。而在收益侧，虽然林业可以通过提供林产品以及承担生态建设的任务来体现自身的价值，但在目前的产业环境下，林业能够顺利变现的只有木材产品的采伐与销售环节。至于生态效益的体现，还没有成熟的商业模式。

高成本与低收益带来的低利润甚至负利润，使林业成了一个现金流匮乏的细分领域。时至今日，很多林业从业者对行业最大的痛点感受仍然是“缺钱”。一方面，对于林业而言，资金的缺乏使其发展始终面临相关因素的掣肘；另一方面，对于普通人而言，由于投入上游林业的资源不足，他们时刻都要面对生态环境的潜在隐患，以及林木制品价格的上涨。因此，在过去一段时间，相关主管部门针对林业的政策，最重要的方向之一就是为林业寻求融资与收益渠道。

具体来看林业的产业链。与前面介绍过的农业不同，林业是一个市场化程度较低的领域。一方面，在政策背景上，21 世纪前，我国林业的“三权”（所有权、使用权、经营权）始终掌握在政府手中，直到 21 世纪初才陆续下放；另一方面，在技术层面上，林木制品的特点决定了其很难像农产品一样可以进行较轻便的运输与储存。因此，与农业相比，林业产业链的流转环节不多，很少存在类似零售商的中间环节。一般来说，林地的经营主体在将林业资源培养完毕后，就会直接把产品销售给有需求的下游用户。因此，针对林业“缺钱”的行业痛点，目前的解决方法并非延长产业链的长度，而是拓宽产业链的宽度。具体地说，主要有以下三条路线。

（1）在金融层面，使林业的经营主体能够以尽可能低的成本获得融资，进而降低林业的投资门槛。例如，允许用林权进行抵押贷款。

（2）在经营层面，尽可能拓宽其收入渠道，为经营主体增加收益。例如，进行林业碳汇的开发等。

（3）探索同时具备以上两种作用的其他经营模式。例如，开展林权的低成本流转等。

综上所述，对于林业资产经营主体而言，目前他们面临的成本主要来自培育和监护等工作，而收益则来自林木料、林业碳汇及林权转让等，如图 3–6 所示。

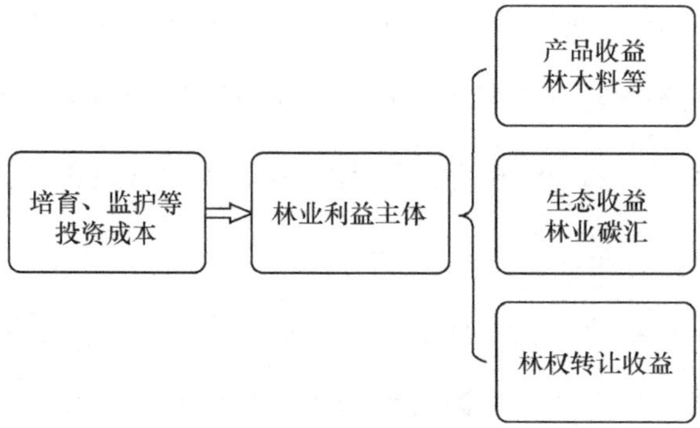

图 3-6　林业产业链概况

接下来，我们将上述三个场景作为改善林业发展状况三条路线的典型案例，做进一步的阐述，同时分析并探索区块链技术在这三个场景中发挥的作用和落地的可行性。

3.3.2　降低投资成本：林权抵押贷款面临的困境

正如前面所提到的，林业的高投资成本和低经营收入可以说是这个行业目前最大的发展瓶颈和制约因素，这不仅让现有的很多从业者感到焦虑，也令许多想要参与发展的人士望而却步。由于林业不是一个能够快速带来现金流的产业，因此其在关注收益率和反馈周期的直接融资领域所得到的关注和资源比较匮乏。例如，在 A 股市场中，林业概念的股票相对来说不多，而有针对性的研究则更少。

在这种情况下，承担了一部分社会责任的间接融资便成为林业获取资金的重要渠道。从目前来看，力度最强且未来拓展空间最大的措施是“林权抵押贷款”。根据 2013 年银监会下发的文件，森林、林木的所有权（或使用权）及林地的使用权可以作为抵押物向金融机构借款。这一创新之举不仅打破了长期以来银行贷款抵押以房地产为主的单一格局，也使长期以来不被看好的林木资源变成了可以抵押变现的资产。

“林权抵押贷款”政策的制定和推广，对于社会资本进入林业领域有着重大的促进作用。在投入成本方面，其明显降低了林业的投资门槛，使森林利益主体可以把前期投资形成的资产通过金融手段变为后续投资资金来源，发挥资金池功效，降低投资的总金额，吸引更多资方持续投资林业。在这种情况下，各地银行纷纷开办了林权抵押贷款业务，以帮助林业经营主体减轻经营压力，脱离现有困境。不过，在实际操作过程中，林权抵押贷款业务的推行仍然遇到了一系列困难。具体地看，主要包括以下几个方面。

（1）贷款手续办理难

在进行林权抵押登记时，林业经营主体需要与相关金融机构的客户经理共同到林业局和金融机构手工办理相关手续。整个过程可能需要数天的时间，成本较高。

（2）抵押物评估难

林业资产先天具有多元化的特点，而目前业内缺乏统一、规范的资产标准。因此，对于估值方来说，如何客观准确地评估林业资产的价值，是一项相对比较困难的工作。

（3）抵押物管理难

由于林木遍布林区，具有分散性，要做到时刻关注，无论在时间还是精力上都绝非易事。再加上山林易受自然和人为灾害的侵袭，要想掌握抵押物的变化情况，确保其价值不受损失，其管理难度相当大。

（4）抵押物处置难

在一般的借贷过程中，如果借款人因各种原因无法按期偿还贷款本息，金融机构将对抵押物进行处置。但是，林业资产由于经营回报周期长、收益具有时间分散性等特点，其抵押物在变现处置时存在一定难度。金融机构自己接手管理山林显然不切合实际，而转包又要协调好发包方，也非易事，总体来看相当棘手。

从以上分析不难看出，目前林权抵押贷款的整个流程还存在一些有待改善之处。对于金融机构来说，这可能会增加放贷的风险；而对于林业经营主体来说，他们申请的贷款也许不能如期如量地发放。这也是为什么虽然林权抵押贷款“看上去很美”，但目前一些地区的相关业务在未充分覆盖经营主体的情况下却呈现出增速放缓态势的原因。

在这种情况下，一些林业机构开始尝试用区块链来改善林权抵押放贷的流程，具体过程如下。

构建一条联盟链，将资产产权主管部门及商业银行等多个机构接入网络当中，并设置为信息节点；同时，让资产的确权、抵押、产权变更及贷款管理等信息上链，进而实现交易可追溯、数据极难篡改、信息透明共享的目标，有效防止林权抵押者在多个金融机构同时进行借贷的行为。这样一来，便可大大提高林权抵押贷款业务的办理效率，林权抵押人全程只需要去金融机构一次即可办理整个业务，原来长达几天时间的贷款业务流程也就此被缩短为短短数分钟。

不难看出，在林权抵押贷款的释放上，区块链确实能起到正面的促进作用，也能成功地削减一部分资金的获取成本。但是客观地讲，其仍存在较大的局限性，那就是它所解决的问题仅仅是上面四个痛点中的第一点，即金融行业中普遍存在的贷款手续办理难的问题，而非林业业务所存在的特定问题，如林业资产的事前估值与事后处置等。要解决林权抵押贷款中的后三个主要痛点，甚至其他更多的次要痛点，可能需要林业自身的规范。例如，林业管理部门需制定林权林地评估行业标准、建立严格的评估责任追究制度等。而在这些事情上，区块链技术是很难直接进行助力的，如图 3-7 所示。

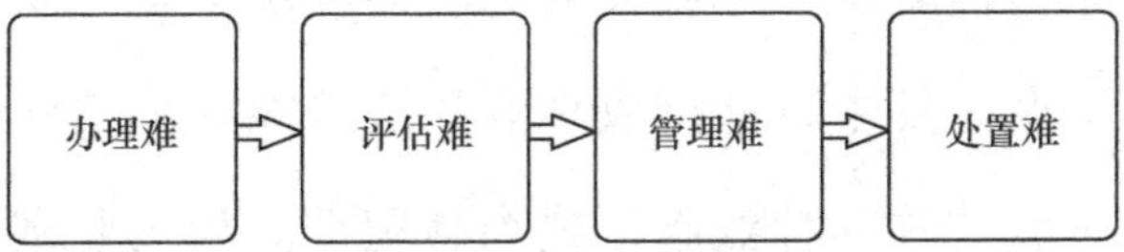

图 3-7　区块链只解决了林权抵押贷款“办理难”的问题

3.3.3　提高投资收益：林业碳汇开发的制度与技术约束

在了解了林业通过金融市场来降低投资门槛的可能性，以及区块链技术能够在其中起到的作用之后，我们再来看一下经营增收层面。在这个层面，目前的主要发力方向是将林业资产的生态功能变现，主要落地方式则是森林碳汇[①]，又称“碳排放交易额”。

先来看一下碳汇，也就是“碳排放权交易”的定义。众所周知，控制碳

① 目前很多相关资料所称的“森林碳汇”中的“汇”主要是指汇集，对应的森林碳汇主要是指森林从空气中清除二氧化碳的过程。而本节所称的森林碳汇中的“汇”是指类似于“汇款”的凭证，也就是接下来要介绍的碳排放权交易。

排放已经成为重要的国际议题。而在现有的碳排放国际合作体系中，每个国家都会设置一个碳排放量的限制额度。这个额度从中央政府到地方政府，再到辖区内园区，层层分解下放，最终落在单个的企业（或者其他类型的利益主体）头上。对于排放量超出限额的利益主体来说，他们需要购买一些额外的排放许可额度，否则就会面临相关的罚款和制裁。而一个利益主体排放的二氧化碳如果少于规定的额度，那么就可以出售剩余的额度并得到回报。目前有资格对外出售碳排放额度的利益主体除了低排放企业之外，还包括燃烧非化石燃料的清洁能源电站，以及具备一定储碳功能的林业资产。其中，低排放企业和清洁能源电站被统称为工业碳汇，林业资产一般被称为林业碳汇或森林碳汇。与工业碳汇相比，目前的林业碳汇面临着一个亟待解决的问题，那就是交易量太少。2017 年的一项调查显示，在参与碳交易的诸多项目中，林业项目占比不到 1%。出现这种情况的最主要原因在于林业碳汇开发的成本较高，因此鲜有社会资本愿意投资于此。

具体地看，首先是行政层面，林业碳汇产品的开发经常会因为与其他利益主体存在过于频繁的交互过程而导致产生较多的成本。一般来说，但凡涉及环保的绿色资产，其开发过程往往比较麻烦，涉及的主体多，流程复杂，周期长，效率低下，造假空间多，交易也不甚透明。而林业资产更是其中开发成本较高，甚至可称为最高的一种。以本节所关注的中国核证自愿减排量中的林业碳汇为例，从林权项目单位勘察、项目审定、政府备案登记、核证减排量、签发到最后的上市交易环节，往往需要耗费长达一年甚至更长的时间，并且各个节点还存在造假、流程臃肿、交易不透明等问题。而在碳市场中最重要的就是各个控排企业的碳排放数据，配额、价格及数据的真实性和透明性，而偏偏中心服务器又无法为数据安全提供绝对保障，这种信息的不透明情况让很多机构和个人参与的意向不高。

其次是林业碳汇产品开发的技术层面。与有着成熟节能测量体系的工业企业及安装了精准电表的清洁能源电站相比，林业资产由于缺乏成熟的评估标准，包括树木品种、木材密度、生长阶段等诸多因素，均难以被精准地测量，堪称评估难度最大的一类碳汇项目。而相关的林业碳汇测量方法的开发也是一项特别复杂的系统工作。

我们从这两个痛点中不难发现，在林业碳汇方面，目前区块链可以发挥作用的主要环节是在林业碳汇的“跨主体交互”上，也就是将流程复杂但具备连贯性的碳汇开发过程设置为基于区块链的智能合约，进而实现多个相关部门之间的自动交互，使林业碳汇的申请者尽可能实现“一步到位”或“几步到位”，从而大大减少相关产品开发所需要的时间、精力及经济成本。不过，要实现这一点，首先需要相关的办理单位将自身的交互实现数字化。例如，开通网上办事之类的电子平台，从而使相关数据可以被自动接入。但是，问题在于林业碳汇开发过程中所要接触到的一些部门很多都是综合性部门，很难说会为了这项单一的业务而花费预算去实现自身业务的数字化。这是区块链改进林业碳汇开发过程中一个潜在的不稳定因素。至于产品开发的技术层面，也就是固碳计量难的问题，目前区块链与智能合约的结合，其作用更多体现在对现有规则的严格执行上。至于相关规则的构建，则还需要主管部门在链下完成。

3.3.4 双线并行：遭遇天花板的林权流转

除了以上两种方式之外，目前林业中还存在一种可以既增加利益主体变现渠道，又降低投资门槛的方法，那就是对林权进行流转。所谓的“林权”，是指指定社会主体对林地或林木所享有的所有权、使用权、经营权及相关的权益组合。而“林权流转”则是指将上述权利以转包、出租、转让、互换等方式，全部或部分转移给其他公民、法人及其他组织的行为。由于按照相关法律法规的规定，林地的所有权归属于全民所有制和集体所有制的单位，经营权又因为社会分工的关系而更适合集中于那些相对专业的机构手中，因此目前的流转主要集中于林地的使用权及林木的所有权和使用权上，如表3-4所示。如果能够妥当地进行林权流转，那么它一方面能够盘活林权转让者的固定资产，赋予其“租金”收益，另一方面会有效降低社会资本参与林业的成本，有助于推动更多的社会资本参与到林业的投资中来。

表3-4 各类林权的可交易性

	林地	林木
所有权	归属于国家和集体，很少对外交易	可以进行交易
使用权	可以进行交易	可以进行交易
经营权	由专业机构进行	由专业机构进行

然而，从现实情况来看，林权交易未能成为社会资本进入林业的重要渠道，并且其交易量规模在达到一定程度之后也遭遇了天花板，增速有所下滑。出现这种情况固然与林业的贷款与收益尚未形成成熟模式有一定关系，但林权交易方面的不足也不可小视。具体地看，目前各地的林权交易市场存在以下几个共性的缺陷。

第一，林权交易中心缺乏相关经验，导致很多潜在交易者无法实现对接。

在各种物权的交易中，交易中心往往会起到至关重要的作用。但在林权的交易中，由于多数交易中心此前没有从事过这类业务，经验比较匮乏，也缺乏可靠的先例可循，因此相关的交易操作存在较多不合理之处。例如，程序相对复杂，交易所需成本较高，使林权交易者进行场内交易的积极性不高，当存在交易需求时更多是选择进行场外交易。这类交易的范围往往比较小，更多是停留在熟人圈子的层次上，从而导致林权的买卖双方难以在更大范围内进行对接，并实现资源的优化。

第二，部分林权交易的颗粒度不适合普通投资者参与。

除了信息不对称导致的交易撮合难之外，林权交易者的资产体量也对他们的交易范围造成了一定限制。目前，我国很多林权的使用者都以农户为主，其所承包的林地面临着一个比较尴尬的局面。大型企业认为他们的林地体量较小，不值得进行专门交易；而个人又认为他们的林地体量偏大，自己难有余力进行管理。在这种情况下，他们往往只能寻找同为农户的交易者进行交易请求。这就进一步限制了他们的交易范围，最终导致整个林权交易行业的乏力。

不难看出，以上两个林权交易领域的行业痛点，对林权交易者彼此间的对接造成了很大影响。而经分析发现，区块链在这两个问题的解决上有一定的发挥空间。

在林权潜在的交易者无法进行对接的问题上，目前的林权交易平台定位低于预期，只能提供林权交易前的信息发布和交易后的权证管理服务，技术水平难以起到汇集信息和撮合交易的作用，这些是导致场外交易泛滥、资源难以实现优化配置的重要原因。在这种情况下，林权的交易可以在分布式的区块链网络上实现去中心化撮合的交易模式。也就是将每一个存在交易需求的林业资产标的，都在区块链上生成唯一的电子凭证，交易所方面只提供交易信息的汇集，一旦双方形成交易意向，区块链便会锁定该电子凭证，等到买家的相关款项汇入卖家账户后才可以释放解锁。

对于林权交易颗粒度有待改善的问题，可以在有条件的地区通过区块链确权方案，把以亩为单位的林权精确到以树为单位的树权，这样便可以大大降低林权交易的门槛，使包括个人在内的中小型投资者也有机会参与到体量较大的林权投资中。其大致的操作步骤如下：将林地每棵树的相关资料都记录到区块链上，形成一个独一无二的链上电子凭证；通过向众多的消费者出售该电子凭证来实现对林木使用权的转让，从而形成一个林木产权“批发—零售”的模式。

不过，尽管从理论上讲，区块链确实能在林权流转中起到一定的作用，例如，在引入C端林权投资者的工作上，如果前端界面设置得当（例如，将单株林木的领养过程设置为类似于手机游戏的链上应用），可能会对林业资金贫乏的状况起到较大的改善作用，但总体来看，区块链在林权流转领域的使用更像是一系列前置工作之后的临门一脚。因为在上述两项措施落地之前，林业的相关部门及利益主体至少完成两项重要的工作。

一是对林地及林木资产实现有效的数字化。例如，将林地的归属、面积、植被类型，以及林木的位置、特点、生长情况等资料以可信形态上链。

二是确保生成的电子凭证以及由其参与的林木资产交易可以得到相关部

门的认可。如果相关交易中出现了纠纷，可以以此为依据寻求相关法律法规的保护。

考虑到目前林业领域的科技成果普遍存在转化不畅的情况，因此对于行业而言，要完成这种相对细致的产业数字化工作是一项比较繁重的任务。从目前来看，“区块链 + 林权流转”的应用很可能会率先出现在林业资金相对充沛的企业或比较注重林业发展的国家。

3.3.5 总结

总体来看，林业在未来破局的过程中面临着体制与技术的双重制约。在体制方面，林业工作中的交互主体主要是偏远地区的一些相关部门，整体数字化程度不高，业务效率也有待提升，从而导致很多应有的机构未能发挥预期的职能，给林业利益主体带来了诸多的成本。在技术方面，林业较低的数字化程度也使其发展始终较粗放，难以对相关的效益进行精细准确的预估。虽然区块链可以在一定程度上改善林业发展中由于体制问题带来的效率瓶颈，但因为政府职能部门与企业不同，相关信息的上链可能是一个漫长的过程。因此，总体来看，林业与区块链的结合还有相当长的路要走。我们从这两个行业的结合中也可以发现，当区块链所要落地的项目方与政府机构有着较密切的关系时，相关的改造过程可能会受到各种因素的影响，而并不都是以效率为导向。

4
CHAPTER

第 4 章　区块链 + 第二产业结合方案

4.1 第二产业概述

在上一章中，我们介绍了农业、林业与区块链的结合方式。通过提供一些初级产品，这些细分领域构成了经济社会的主要发展根基之一。不过，其中除了像瓜果蔬菜等部分农产品以外，第一产业还有不少成果无法被人们直接使用，如棉花、木材等。如此一来，人们便需要对其产出的各种产品进行深度加工，这个对原料产品进行深度加工的领域便是第二产业。

具体地看，第二产业大致可以分为工业和建筑业两部分，工业又可以进一步细分为采矿业、制造业及以水电煤气供应为代表的能源行业等。在传统的产业经济学领域中，工业往往还会根据产品单位体积的相对重量被划分为重工业和轻工业。其中，产品单位体积重量重的部门就是重工业，如矿石、能源、钢铁、有色金属、机械等生产资料；而重量轻的就是轻工业，如食品、纺织、家居等生产消费资料的制造业。

在国民经济中，第二产业有着非常重要的作用。除了提供大量就业岗位之外，第二产业还肩负着为国民经济其他各个部门提供原材料、燃料和动力的任务。它所提供的各种产品是国民经济各部门进行技术改造的物质基础，决定着国家或地区的技术水平和经济发展水平，甚至是经济自主和政治独立的根本保证。因此，第二产业经常被当代世界很多国家，尤其是发展中国家视作经济的主导产业。而它的变化对经济社会的发展也有着重大的作用。纵观人类发展历程，每当工业领域出现重大转折的时候，往往也是社会发生变革的时候，其中的典型案例就是以蒸汽机和电气化为标志的工业革命。随着近些年数字技术的快速发展，包括智能制造、工业 4.0、工业互联网等概念的提出，第二产业又一次走到了发展的十字路口。本章主要介绍的就是区块链技术能够在这场数字化浪潮中，对各种工业细分领域产生哪些影响与作用。

4.2　区块链 + 采矿业：新老矿业的碰撞

4.2.1　采矿业：工业化与城镇化的“晴雨表”

根据国家统计局公布的国家行业统计标准，工业领域严格意义上的采矿业是指“对固体（如煤和矿物）、液体（如原油）或气体（如天然气）等自然产生的矿物的采掘；包括地下或地上采掘、矿井的运行，以及一般在矿址或矿址附近从事的旨在加工原材料的所有辅助性工作，如碾磨、选矿和处理；还包括使原料得以销售所需的准备工作”。考虑到单纯的采矿业产业链较短，研究空间有限，本节将“采矿”的上游，也就是“探矿”一并纳入讨论范围，探究当被称为“新矿业”的区块链与传统的旧矿业进行碰撞时将会产生什么样的火花。

与上一章提到的农业有所差异，矿业的发展跟宏观经济周期高度联动。这一点从现代矿业发展历史的划分中可得到佐证。一般认为，全球矿业周期大致可以分为四个周期或三个周期，如表 4–1 所示。“四周期论”以第二次世界大战结束为起点：第一个周期由欧洲的战后复兴所驱动；第二个周期是由 20 世纪 60 年代日本经济的高速发展带来的矿业“黄金时代”；第三个周期是由“东亚模式”的确立和“亚洲四小龙”的崛起而引发的；第四个周期是从 2003 年开始的，由“金砖四国”需求的迅速增加所驱动。“三周期论”的划分则是从 1885 年开始，时间跨度相对更大：第一个周期以美国工业化为驱动力，前后历经 30 ~ 40 年；第二个周期以第二次世界大战结束后欧洲重建与日本工业化为主要驱动力，前后持续约 30 年；第三个周期始于 2003 年，以中国为代表的国家工业化、城市化进程为主要驱动力。尽管这两种历史划分的方式有所差异，但其本质是相同的，那就是矿业发展的周期与经济发展和工业化的周期基本一致。所以，我们在现实中可以看到，如果某一地区的工业化、城镇化进程有明显进展，那么矿业就会蓬勃发展；反之，如果工业化进展缓慢，矿业领域与企业的诸多弊病就会暴露出来，成为相关利益主体的拖累。

表 4-1　两种矿业行业周期的分类方式

分类方式	周期阶段	驱动动力
四周期论	周期一	欧洲战后复兴驱动
	周期二	日本经济发展驱动
	周期三	“亚洲四小龙”崛起驱动
	周期四	“金砖四国”发展驱动
三周期论	周期一	美国工业化驱动
	周期二	战后欧日发展驱动
	周期三	中国等国家驱动

随着行业繁荣程度的提升，以及当代金融市场的日趋活跃，在过去的几十年中，矿业领域所流入的资金一度非常充沛，相关的并购活动快速增加，行业公司数量减少，产业集中度明显提高。数据显示，1995 年全球排位前 10 名的矿业公司共占市场份额的 23%，到 2008 年显著增加至 35%，而且这一中心化的趋势似乎有增无减。2012 年的一项报告表明，从单矿种的市场集中度来看，即使对于最分散的矿种来说，前十大矿业公司也控制了近 35%的市场份额。而对于“铂”这样的贵金属而言，前十大矿业公司的市场占有率更是高达 93%，垄断特征越发明显。

4.2.2　行业痛点：被粉饰的矿产资源真实情况

从以上描述来看，与前一章的农业相比，由于矿业属于资源密集、资金密集的行业（实际上，部分矿业领域还属于技术密集型行业），只有一定规模以上的企业才有能力从事，因此集中度相对较高，并不能像农业一样将从业权过度下沉与去中心化。尤其是随着近年来采矿行业兼并整合的加剧，行业格局的中心化程度更是有所提升，企业的品牌效应逐渐加强。无论是与上游设备服务的供应商，还是与下游从事冶炼制造的客户，都已经形成了一个相对比较成熟的交流与交易模式。

然而，行业格局去中心化程度有限，并不代表矿业领域就不存在信任危机。恰恰相反，长久以来，信任问题一直贯穿于矿业发展的始终，就连一些大品牌的矿业公司也深受其困扰。而这一危机背后的根源则是矿产资源真实储量与价值的不透明性。

为什么矿产资源储量与价值的真实性如此重要？因为它直接涉及矿业项目的估值问题。对于一般的行业来说，它们提供的产品或服务，绝大部分都是可以让投资者肉眼可见并能进行初步预估的。而矿业则不然，由于矿产资源在开采之前大多埋在地下（所谓的“露天矿场”也只不过是埋得比较浅而已），信息高度不对称，所以投资者只能通过作为信息中介的矿产公司以及为其背书的机构对相关项目进行了解。这也是矿业与其他行业最大的不同之处。因此，对于采矿公司来说，如果能够向投资者出具准确的项目估值，一方面可以保护投资者的利益，另一方面也可以保持自己的良好声誉，促使外部资金持续流入采矿领域。

然而，现实中“矿产资源储量—矿业公司—投资者”这一链条的各环节之间存在极大的信息不对称情况。投资者与矿业公司往往会面临来自两个方向的风险，如图 4-1 所示。

图 4-1　矿产储量信息传递过程中可能会误导投资者的因素

第一，在“矿产资源储量—矿业公司”一环，对于矿业公司而言，它们很可能会因为技术方面的客观原因而误判矿产储量，导致对外无意间夸大项目估值。众所周知，探矿采矿是一个风险极大的行业，矿产资源的数量与质量如何，往往需要在多年的探测甚至采掘之后才能盖棺定论。但对于相关的工作人员来说，他们却往往需要在探矿环节就以尽可能低的成本，在尽可能短的时间内，尽可能精准地确定储量，这样的工作要求就决定了矿产资源的评估必然会存在偏差。纵观世界各国矿业的发展历程，预测失准的情况比比皆是。例如，21 世纪初期，很多新发现的油气田一度被技术人员认为拥有位列全球前几名的储量，但后来的事实证明真实的储量并没有那么多，围绕这些创业公司进行的一系列投资也都蒙受了损失。

第二，在“矿业公司—投资者”一环，对于投资者而言，创业公司可能会主观地恶意虚报储量。相对于上面提到的技术误差，这种情况对投资者的利益和行业的信誉带来的伤害更大：前者多少还有一些理论与信息的支撑，而后者几乎完全凭借主观臆断，甚至自己捏造数字。臭名昭著的 Bre-X 丑闻便是一个典型的案例。1995 年，名不见经传的加拿大公司 Bre-X 宣布在印度尼西亚发现了巨型金矿。而随着相关工作的推进，金矿的储量由最初宣称的 142 吨很快上升到后来的 2013 吨，期间更传出远期资源量可达 6250 吨的天文数字。在这些信息的助力下，Bre-X 公司的市值在短时间内飙升了近千倍。然而好景不长，1997 年，Bre-X 公司被曝出在化验样品中掺金造假，所谓的“大型金矿”完全是子虚乌有。因此，相关的市场投资几乎完全打了水漂。这一事件严重地损害了探矿采矿的声誉与发展，在接下来长达 5 年的时间里，矿业公司都很难再从资本市场上顺利融资。

不难看出，由于各种主客观原因所带来的矿产资源信息不透明，以及由此导致的市场信心不足，对矿业的发展，尤其是行业低谷期的发展造成了很大的影响。例如，在过去几年间宏观经济增速放缓、矿业下游市场缩水时，很多矿企由于无法通过正常经营来盈利，只能向资本市场求助。但是，在同期拥有不菲回报率的互联网经济崛起的背景下，资本市场已经不再青睐成本过高的矿业标的，使行业面临很大的经营压力。最终，不少企业要么关门倒闭，要么低价委身于矿业巨头，由此促成了我们现在看到的矿业中心化格局。

从以上分析来看，解决“矿产资源储量—矿业公司—投资者”链条中信息不对称的问题，对于增加投资者对矿业公司的信任度、增强矿业公司发展的可持续性有着至关重要的意义。那么，被称作“可信任机器”的区块链能够在其中起到什么样的作用呢？此处还是按照上述两条线来分析。

第一，在“矿产资源储量—矿业公司”环节上，正如前面所说，目前导致信息失真的主要因素是矿产勘探技术的局限性，而与信息的真假无关，如此一来，区块链的作用就显得比较有限。

第二，在“矿业公司—投资者”环节上，信息准确度的因素主要来源于人为的误导。从近些年矿业的发展历程来看，现在的造假与欺骗可以说是无处不在、花样频出，具体包括以下几种。

■ 无中生有型

此类骗局的创意较强，造假者通常是在没有任何信息的支撑下，实现了从无到有的开创、从零到一的跨越，具体方法包括以下两点。

（1）假矿体：造假者在图纸上颇有创意地自己画出一个“人造大矿区”，直接无中生有地对外销售。这种方法要求造假者有过硬的地质矿业知识，否则很容易因文字与做图水平不足而露出马脚。

（2）假样品：造假者在对矿石进行化验时，在低品位的样品中掺入“精料”，使样品的矿石品位变得非常高。更有甚者，连掺假的过程都免了，直接从其他矿场拿品位不错的矿芯来“替考”。

■ 借鉴抄袭型

这类骗局通常是对已有矿山的相关信息进行修改，实现以旧充新、以无充有。相关的操作包括以下两点。

（1）假项目：将原有旧矿产项目的资料进行修改（包括文字与图纸），对其重新包装后宣称是另一地区的新矿，对外出售。例如，某老专家在观看某“新矿山”的图纸时忽然觉得该图有点面熟，好像在哪里见过。后经调查，这个所谓的“位于甲地”的矿区，原来是直接复制了前几天刚看过的、位于乙地的矿区资料。至于甲地地下究竟有没有矿，无从考证。

（2）假钻孔：在图纸上抹掉某些旧矿的钻孔，将其伪装为新矿。例如，某企业向相关研究机构提交的图纸上，矿带长十余千米，打了 3 个孔，品位和厚度都不错，其潜力给人以丰富的想象空间。研究机构方面大加赞许，遂签字画押。但是，后来得知该矿区已打过 20 个孔，只不过白眼和矿化孔等痕迹已从图上抹掉，属于典型的以旧充新项目。

■ **信息注水型**

在这类骗局中，作假者通常是在自己的勘探结果上做手脚，通过数据充水来以次充好。相关手段包括以下两点。

（1）假厚度：主要通过在电脑上修改一手勘探数据来完成。

（2）假长度：其手法和上文中的“假厚度”相似，在图纸上将本不相连的矿体通过造假连接起来，形成一条“连绵不绝的修长矿体”。

具体地看，区块链对这三种类型的造假的遏制作用主要体现在以下几个方面，如表 4–2 所示。

表 4-2　区块链对三类矿产欺诈的遏制作用

类型	具体作用
无中生有型	难以见效

（续表）

类型	具体作用
借鉴抄袭型	可通过建立链上统一管理数据库来解决
信息注水型	在相关设备高度数字化后可能起效

（1）对于第一种无中生有型的骗局，鉴于造假者操作空间太大，区块链在其中起不到太大的作用。

（2）对于第二种借鉴抄袭型的骗局，由于造假者高度依赖现有的矿产资源信息数据，所以可以通过将较成熟的矿山信息记录到统一管理的、标准化的行业区块链网络上，使相关数据难以被复制和更改。毕竟，矿业信息不同于电子表格，它属于非结构化数据，如果不进行复制，就很难获取。

（3）对于第三种信息注水型的骗局，考虑到绝大多数情况下一手的勘探数据都掌握在矿业公司手中，因此除非相关的勘采设备特别数字化（例如，设备供应商会把收集到的数据都自动传输到中心云或去中心化区块链中），否则在数据上链之前，企业仍有很大的空间进行操作。

4.2.3 总结

我们从上述分析中可以发现，由于矿业的独特性，在未来相当长的一段时间里，矿业公司与投资者之间的信息不对称仍将会是一道难以逾越的鸿沟。而作为矿业领域最重要的信息中介，与矿业相关的审查部门也仍然是这个领域最重要的信息把关者。由于矿业的知识相对纷繁复杂，对相关资料的鉴定需要丰富专业知识的沉淀，在这种情况下，相关的行业框架就显得尤其重要。虽然区块链无法对无中生有型以及借鉴抄袭型的作假行为进行遏制，但如果法律规定只有专业水平以及道德素养符合一定条件的人士才具备撰写矿产信息报告的资格，同时对伪造矿产报告的行为给予更严厉的处罚，那么发生类似事件的概率将会大大降低。归根结底，在像矿业这样的垂直领域中，区块链可以作为一种辅助工具，但如果想通过其一劳永逸地解决所有行业痛点，则是不现实的。

4.3　区块链 + 制造业：庞大领域中的共性问题

4.3.1　制造业：最重要的工业板块

作为第二产业的重中之重，制造业对科技的发展和人类社会的进步有着直接的影响。很多时候，人们提到工业甚至第二产业，实际上指的就是制造业，其在第二产业中所占的分量由此可见一斑。而和工业可以被分类为“采矿、制造、能源”或“轻工业、重工业”一样，制造业也有不同的分类方法。

根据产品的用途划分，制造业可以被细分为以下两类：

一是产品主要用作其他工厂原料的中间产品制造业，如能源、机械等；

二是产品主要供终端消费者使用的终端产品制造业，如各种电子产品、交通工具等。

根据产品的生产方式划分，制造业也可以被分为两类：一是流程制造业；二是离散制造业。

在本节中，我们主要从产品的用途进行分类，对制造业面临的各种行业痛点以及区块链在其中可能发挥的作用做出分析阐述，如表 4-3 所示。

表 4-3　区块链对制造业痛点所能发挥的作用

制造业类型	面临痛点	区块链解决方案
中间产品制造业	产业协同问题	建立相关信息平台
	账款回收问题	通过智能合约自动执行
终端产品制造业	产品质量问题	关键指标上链，进行溯源
	产品样式问题	通过智能合约快速执行，同时将信用信息记录到链上

4.3.2　中间产品制造业：企业之间的合作摩擦

首先来看中间产品制造业。目前，这个细分领域面临的行业痛点主要有以下两个。

（1）上下游信息不透明，产业协同存在问题

中间产品制造业的主要职责是为其他负责终端产品制造的工厂提供上游生产资料，而终端消费市场的真实情况都掌握在生产终端消费品的厂商手中。因此，作为众多供应商之一，中间品制造商只能通过被动的订单量增减来调节产能。如果对终端市场预测不准确，有可能会因产能过剩导致经济上的损失。在极端情况下，甚至可能会因为盲目的投产计划而导致亏损或破产。

在这方面，汽车制造行业的发展情况便是一个典型案例。一般来说，很多汽车行业的中间品制造商往往会背靠某个终端巨头，如知名的一汽、东风、长安、北汽等。这些行业巨头在某地建厂以后，一般会在当地形成一个

产业园区，吸引众多配套厂商在附近设厂。前几年，随着中国汽车产业的蓬勃发展，产销量均屡创新高，汽车配件配套厂的投建也到达了高峰。然而在 2018 年，中国汽车产销量增速突然出现滑坡，比上年同期分别下降 4.2% 和 2.8%，为 1990 年以来首次年度下降。很多实力较差的配套工厂面临着裁员停产的压力。在部分高度供过于求的细分产品赛道上，有不少供应企业甚至直接关停破产。

面对这个行业痛点，目前理想的解决方案是在细分行业内建立一个统一的平台进行分工协作，平台成员包括产业链上下游不同的利益主体，实现局部范围内的信息透明化。如此便可以使上下游企业掌握充分的市场信息，从而进行有序、高效的产能规划，避免盲目投资引发的不良后果。这样的信息交互平台可以由行业协会、政府相关部门充当信任背书，牵头各家企业形成利益链条。至于区块链这样的纯数字化技术，由于在行业里的威信不如上述官方机构，因此使用的必要性并不是很大。

（2）账款结算难、融资难

中间产品制造业面临的第二个困境是回款问题。如果说制造业企业最怕的经营状况是没有订单，那么比没有订单更可怕的则是在接到订单后贷款买了设备和原材料进行生产，却要不回账款①。这种“更可怕”的情况通常主要发生在中间产品制造商企业身上，因为这些企业面对的不是终端消费者，而是一定会有付款账期的其他工业企业。

尽管“账款结算难”的表现有多种形式，但其背后的缘由却有着较高的

① 情况不同，“要不回账款”的主要表现形式也不同。有些企业到了账期拿回来的是银行承兑汇票或商业承兑汇票，而有的企业则因为开票问题导致最后根本拿不到钱。

一致性：要么是因为接单方的弱势，无法跟甲方谈条件；要么是很多时候中间制造商无法在接单时就轻易评估出对方的付款能力，导致接下来的订单到最后全成了“霸王单”。目前来看，这个问题可以用基于区块链的智能合约协助解决，具体细节如下：交易双方对交付产品的技术细节、品质要求、数量、交易金额等进行明确规定；在交付方履约后，购买方自行质检或委托第三方进行质检；如果检验结果合格，智能合约系统便会自动从甲方账户中扣款，完成转账支付。

4.3.3 终端产品制造业：消费新浪潮下的转型之路

在分析了中间产品制造业之后，我们再来看终端产品制造业。这个细分领域存在的行业痛点主要包括以下两点。

（1）产品的消费者认可度问题

随着制造业的竞争越来越激烈，近年来，不少企业开始大打品牌策略，力求在行业红海中突围而出。例如，一些企业经常会给自己贴上“国家免检产品”的标签，有些甚至开始在上游领域做文章，依靠供应商的品牌优势“剑走偏锋”；很多初创手机公司经常会宣称自己的屏幕、基带、摄像头来自某知名企业，试图借信任的传递链条以获取消费者的青睐。按理说，这种行为无可厚非。但问题在于有不少制造厂商实际上并未如宣传所言，采用知名公司供应的产品。像上面提到的案例中，有些拿到手机的消费者在对手机进行拆解后发现，其中一些零部件并非来自手机公司所宣称的“知名厂家”。此举不仅导致相关企业的名誉一落千丈，也使“品牌策略”自此不再受到消费者的信任，导致使用这种方法宣传的其他企业也受到影响。

在这方面，近年来日本制造业的风波堪称典型案例。2018 年 2 月，西日本铁路公司发现，自已在2007—2010年从川崎重工业公司购买的共303个“希望”号新干线列车底盘中，有 100 个底盘的钢材厚度未达到设计时的标准，甚至发现了濒临断裂的龟裂问题。由于西日本铁路的供应商是川崎重工，而川崎重工的供应商是神户制钢，因此，使用神户制钢的其他产品可能都面临着此类质量问题。消息一出，神户制钢的用户们顿时人心惶惶，甚至日本制造业的名誉都连带受到严重损害。

那么，工业产品要如何在质量问题上获取用户的信任呢？从理论上讲，人们不太可能要求每一家工厂都派专人去供应商厂内常驻，进行产品检测过程的全程监控；而作为消费者，更不可能采购专业的设备、学习专业的知识去替厂家进行质检。面对这种情况，目前行业的解决方法是在很多制造型企业实施智能制造模式，也就是在其数字化车间安装上 MES 系统，同时对接企业的 ERP 系统[①]，从而实现对生产过程的全面管控，以及对产品质量的全面追溯。但是，这些信息往往只能限于企业内部，而不可能全盘公开。因此，目前比较可行的一种做法是把 MES 系统中的一些非企业机密，同时又是消费者非常关心的信息，如面包中的菌落总数、巴氏杀菌奶的实际生产时间、汽车 A 柱的钢材厚度、手机零部件的供应商品牌型号等，通过区块链的方式对外发布，以作为产品质量的佐证。如此才能在一定程度上获得消费者的

① MES 系统，全称是 Manufacturing Execution System，意为“制造企业生产过程执行系统”，是一套面向制造企业车间的生产信息化管理系统。ERP 系统的全称则是 Enterprise Resource Planning，意为“企业资源计划”，是用于改善业务流程的企业信息化管理系统。

信任。

（2）产品同质化问题

除了产品因主观因素导致的质量问题以外，另一个导致消费者不愿意掏腰包的重要原因来自客观因素，那就是很多产品的设计不能满足人们的需求。

众所周知，随着近年来制造业竞争越发激烈，“降成本”已经成为行业的重要共识之一。而实现这个目标的重要手段，就是以极大的规模进行工业化生产，以追求规模效益、压低费用。这种做法固然摊薄了单个产品的成本，却也使生产链条越来越僵硬，产品逐渐同质化。在这种生产思路下，很多制造业产品在设计和体验方面的个性化因素都被淡化。近年来，很多手机的“刘海屏”“水滴屏”给部分用户带来的不适感就是这方面的典型体现。

此处以汽车行业为例。目前，某些国际品牌的车型和产品看似颇为丰富，小型车、中型车、大型车、SUV一应俱全。但实际上，这些系列产品和细分型号为了节省设计生产的成本，使用的是同一款发动机和变速箱，只是通过技术手段对功率进行微调来拉开档次。结果导致高端用户由于使用和低端产品同样的核心部件而无法显示出“档次”，普通用户则需要承受更高的油耗和使用成本，最终造成两头不讨好的局面。

严格地说，在同质化产品日益泛滥的市场中，有些厂家也曾尝试过接受个性化定制产品，希望能够在制造业红海中寻找新的突围方向。但事实证明，这种长尾市场虽然“看起来很美”，但始终无法形成气候。其中最主要的原因就是在规模效应消失后，产品的生产费用快速上升，而生产效率却大幅下降。因此，这种个性化模式只存在于一些高端产品之上。例如，某些劳斯莱斯轿车就是定制化生产，不仅其最终价格让人望而却步，而且交货时间也要按年计算。

但是，随着近年来消费者需求的升级，以及人们购买力的增加，批量化生产的产品已经越来越不能满足人们的需求，一些消费者开始愿意多花钱定制小部分产品。在这种需求的推动下，制造业呈现出从大规模批量生产和僵化的供应链解放出来的倾向，也就是柔性化生产和个性化定制。不过，在目前的制造生产技术水平与销售模式下，这类要求暂时还无法得到满足。由于工厂过于依靠经销商和电商平台的力量，导致后者分走了大部分产品中间环节的利润。在个性化定制生产的销量往往较低的情况下，工厂个性化市场收益不足、动力欠佳也就不奇怪了。

由此来看，如果要想真正地实现理想的按需生产、柔性化生产、个性化定制，一定要打破目前的生产链条和销售模式，也就是让产业链柔性化来带动生产线柔性化，让制造端直接从消费者处接单生产。而这样就涉及一个消费者和制造商之间的信任问题。对于制造商而言，如果消费者下单后没有付钱甚至撤单，工厂生产出来的这件定制产品将很难再找到购买者；而对于消费者而言，如果付钱后制造商迟迟不交货，或者产品并非自己真正满意的样式，后果将会十分难堪。如此一来，就需要一个结算平台作为中介来支撑交易。但在定制化制造链条中，每一个新加入方都会削弱制造端的利润，使柔性制造很难再推进下去。

在上述情况下，人们便可以采取智能合约与区块链技术。一方面，智能合约可以帮助制造商在接到订单后快速响应，下发二级订单，使柔性化制造变得方便快捷，大大缩短生产周期。另一方面，在区块链这个开放式的平台上，每一个制造者和消费者都会因自己的行为留下信用标记，如此便可以让去中心化经济中的成员了解到谁才是真正有信用的制造商 / 消费者。

4.3.4 总结

从上述分析可以看出，目前区块链可以协助改造的制造业痛点，主要包括供需双方的不信任问题、价值的快速流转问题，以及机器之间的快速协作问题等几个方面。然而，考虑到制造业是一个相对保守的行业，因此在将区块链这一项全新技术引入制造业的过程中，要适应每个细分领域的发展规律，而不能片面地求快求新。

4.4 区块链 + 能源行业：巨型系统内部的信任危机

4.4.1 能源行业：500强扎堆的大型领域

在第二产业的众多细分领域中，能源算是一个比较独特的垂直领域。它虽然是一个典型的传统行业，但与区块链技术的关系却异常紧密。而且，当"区块链 + 实体产业"的组合被提出之后，被认为高度封闭的能源行业成了区块链技术落地的第一批试水者。市场上的"区块链 + 能源"项目，比很多前沿的"区块链 + 服务业"数量都要多。

具体地看，能源行业的产业链与很多人对"能源"的模糊印象相契合。

能源是一个比较庞大的行业，在横向的行业分类上，其涉及的细分行业包括煤炭、石油、天然气、核能、水力、垃圾焚烧等，而在纵向产业链上则包括设备制造、工程施工、矿产采掘、洗选冶炼、发电输电、管道运输等环节，这两个维度的结合使能源行业的产业体系展现了很多其他行业不具备的高度复杂性。从以往的行业经验来看，绝大多数行业的产业链用 2D 平面图就可以展现，而能源行业的产业网却需要 3D 模型才能够完全呈现，其系统的复杂性由此可见一斑。

然而，尽管能源系统极为庞大且高度复杂，但其中的多数环节都有一个共同特点：作为劳动密集、资金密集、资源密集甚至技术密集的行业，能源行业相关设施的经营主体一般都是大型企业。全球巨型企业中，有相当一部分都来自能源行业。例如，2018 年世界 500 强企业的前 10 名中有 6 个都是来自能源行业。

严格地说，在多年的发展过程中，能源行业并不是一直都处于如此中心化的状态，有时候也会因为参与的利益主体较多而呈现出去中心化的格局。例如，在城镇化高速发展、能源资源供需高度紧张时，一些中小型能源设施（如小电厂）也会得到市场的容许。但在能源供需逐渐平衡甚至宽松、人们更加关注安全生产与生态环保时，由于安全隐患和环保不达标等原因，很多小型能源企业或资产便会被大企业重组兼并，甚至直接关停。这种现象使全球能源行业呈现出“中心化时期长、去中心化时期短”的情况，品牌效应比较强。与其他行业相比，参与交易的各方很容易建立起信任关系。从表面上看，区块链似乎没有切入空间。

然而，随着科学的发展与社会的进步，能源行业在最近几十年迎来了前所未有的变局，其去中心化经济体系的轮廓也一度若隐若现。具体地看，这些因素如图 4-2 所示。

- 去中心化能源发展机遇
  - 技术侧
    - 物理化学技术：促使边际成本低的新能源行业发展
    - 数字信息技术：使新能源发电能力稳定
  - 经济侧：福岛核电、东欧危机、亚太雾霾等事件

图 4-2　促使去中心化能源经济体系发展的几个关键因素

首先，物理与化学工业的进步使风电、光伏等新能源行业有了明显的发展，具体体现在能量转化率的明显提高以及相关设备价格的大幅下降上，这两个因素使新能源的发电成本降低到了人们可承受的程度。而包括光伏在内的新能源发电技术有一个重要的特点，即准入门槛很低，规模效应相对较弱。与动辄成千上万种零件的大型电厂相比，光伏电站的主体只有薄薄的一片光伏板，所以即使非能源企业甚至个人都可以顺利地进行投资、安装与建设。

其次，数字通信技术的快速发展在一定程度上弥补了新能源“靠天吃饭”的缺陷。目前的计算机技术已经可以在一定程度上预测出新能源设备的发电变化情况，同时对这些不稳定的波动进行自动调整。例如，在风力与日照过强、电力供应超出需求时，计算机可以控制储能电池将多余的电收集起来，在风停日落、电力供应不能满足需求时将储存于电池中的电力自动进行释放，进而在理论上使新能源电站获得不亚于传统能源的稳定性。

可以说，从技术侧来看，让以电力为主的稳定能源供应权下沉，进而实现行业格局的去中心化，已经不再是纸上谈兵式的设想，其所欠缺的只是来

自实体产业侧的响应。幸运的是在 2010 年之后，一系列经济与政治事件的发生为新能源的崛起提供了极有利的外部条件：2011 年，福岛核电事故爆发，核电在全球出现了阶段性的发展低潮；2014 年，东欧地缘政治的危机所导致的俄欧关系紧张，使欧洲的天然气供应一度陷入困境；2016 年左右，亚洲地区空气质量的下降，使人们不得不尝试压缩煤炭、石油与火电在能源消费中的比重；而北美地区高昂的电价则更是贯穿了美国经济下行时期的始终，使民众的生活雪上加霜。

4.4.2　去中心化经济体系的挫折：难称成功的社会实验

受上述多重因素的刺激，舆论对发展安全、独立、清洁、廉价的新能源的呼声越来越高。而作为高效发展新能源的方式之一，分布式发电也顺势进入了能源行业。在这种情况下，定位于去中心化经济系统信任连接器的区块链开始在能源行业跃跃欲试。2016 年 4 月，首笔由区块链系统驱动的电力交易在美国纽约完成，两位布鲁克林的居民通过使用基于区块链的能源交易 App，在互不相识的情况下跳过电网公司直接对接，完成了一笔电力交易。一时间，“能源 + 互联网 + 区块链”成为业内最受关注的组合之一。而能源系统的去中心化格局，也就是彼时业内参照分布式计算机系统所提出的“能源互联网”概念似乎成了一个触手可及的目标。

然而，可能性的存在不等同于事情一定会发生。纵观当时的能源行业可以发现，有两种发展新能源的思路：一种是中心化的大基地能源；另一种则是上面所提到的去中心化的分布式能源。在这两种路线中，大基地能源的发展模式比较简单，只要将传统能源体系中的原有组成部分逐渐更换成新能源，并进行一些电力传输技术上的调整与改进即可。相比之下，分布式能源虽然更理想化，也更具革命性，但面临的阻力也更多。能源行业过去的交易模式一直是统购统销，行政化色彩比较浓厚，且没有适应去中心化交易的政策与市场体系。因此，除了上文所提到的技术约束之外，政策与市场规则也是一个重要的因素，需要行业有关部门专门为去中心化能源经济体系量身定做相应的框架。

从后续的情况看，正是市场规则的约束阻碍了能源去中心化的进程，导致目前的能源行业未能实现理想中的 C2C 交易模式。与其他行业的信息撮合中介（如银行）不同，以电力为核心的能源行业，其物流体系安全运行的基础是要建立在需求（用电负荷）与供应（发电功率）基本相同的情况下，如果两者之间出现比较大的偏差，将会引发电力系统的异常甚至崩溃，直接殃及经济的运行。这种对系统稳定性的刚性要求，决定了像电网这样的能源电力中介必须要承担起信息撮合与电力物流合二为一的角色。这样一来，对于去中心化的能源个体而言，如果不通过电网公司的撮合平台来对接电力交易信息，很可能就无法享受电力的物流服务。这一点是能源行业与其他行业的明显区别所在。

在这种背景下，当行业主管部门在进行去中心化能源经济系统的设计时，往往就无法绕开像电网这样的中心化中介（电网公司属于自然垄断行业，往往一个区域内只能有一个服务供应商）。而从现实的情况来看，去中心化能源的交易会对中心化统购统销的交易模式造成一定的冲击，进而影响能源中介的利益。因此，在能源供应权下沉的过程中，信息撮合与物流服务职能二合一的能源中介有时会表现出维护中心化能源交易模式的倾向。例如，在 B2B 交易方面，能源中介机构有时会努力掌控交易规则制定的主动权；在 C2C 交易方面，能源中介仍然会维持统购统销的模式，从而将能源交易的 C2C 模式变为实际上的 C2B。上述措施使目前的能源行业仍然维持在一个较中心化的状态，而没有呈现出早些年业界所预期的行业供应格局的完全去中心化。

除了市场体制的影响之外，部分能源与数字化技术的不够成熟也在一定程度上阻碍了能源供应权的下沉，对人们的信心造成了一定影响。例如，前些年颇为火爆的薄膜太阳能设备，其旨在使发电权突破建筑的限制，进而下沉到每一个人的手中。虽然这一产品在资本市场上大放异彩，但因为成本高、效率低等因素而未能像晶硅太阳能板一样普及开来；两三年前被市场看好的“共享充电桩”模式，其本质就是充电站的 C2C 去中心化交易，但在推行的过程中却面临诸如各类车型插口标准不统一、充电桩损毁率高、可用性差及相关 App 指引不准确等阻碍，最后导致这项业务也未能落地。

综上所述，导致去中心化能源经济体系发展遇到瓶颈的原因如图 4-3 所示。

在体制与技术的双重约束下，能源行业供应格局的去中心化进程遇到了很大阻力，几年前大放异彩的能源区块链技术的地位也开始变得尴尬起来。毕竟，区块链在能源行业的应用场景就是建立在去中心化能源系统之上。事实上，上文介绍的纽约能源区块链项目在后来的发展也颇不顺利。由于项目所在地纽约州禁止个人售电，去中心化的能源经济体系无法成型，所以这个项目也就没有再继续下去。在这种情况下，虽然能源行业是经济体系内最先尝试与区块链技术进行结合的细分领域之一，但由于技术与政策上的原因，其在全球范围内的发展始终受阻。

- 去中心化能源经济体系发展的瓶颈
  - 经济侧：市场体制改革不太顺利
  - 技术侧
    - 物理化学技术：部分技术不够成熟
    - 数字信息技术：一些新兴商业模式有待考验

图 4-3　导致去中心化能源经济体系发展遇到瓶颈的几个原因

从以上分析来看，目前能源行业的去中心化实际上只能算是一场尚不成功的社会实验。在新能源的发展路线上，目前中心化模式占据业内的主流，导致去中心化模式背后的投资积极性下降，资本市场也不再相信去中心化的能源经济体系能够下沉到较低的水平。因此，在可预期的时间内，能源行业可能不再会出现较大规模的去中心化，而与其相关的“区块链 + 能源”概念一时间也难有突破。

4.4.3　中心化经济体系的切入口：区块链技术的意外机遇

然而，需要指出的是能源行业的利益主体未能实现去中心化，这些行业依然存在一系列的协作成本与信任危机。

在能源企业内部，由于能源巨头们面临的工作量比较庞大，而其决策权很多时候又非常集中，因此这将会难以避免地导致企业的决策效率较低，对外界变化的反馈时间较长。同时，由于能源行业格局中心化程度高，企业之间竞争程度不够，各方缺乏通过改革管理模式来提升效率的主观动力，即使有相关的意向也需要为此制定大量的新规则，执行起来难度也很大。例如，现在业内常提到的“四表合一”[①]虽然在理论上有着很大的想象空间，但在实际操作中，负责收款并进行分发的利益方由于诸多原因并不会在第一时间将合作伙伴的资金分发到其手中，进而导致后者面临现金流的问题，最终使各方参与“四表合一”的积极性不足。

在能源企业外部，由于一些能源巨头的业务覆盖面过广，而相应的服务培训难以跟上，导致其某些下属分支机构的服务不能够满足人们的需求，企业的品牌不能起到相应的服务保障作用。以某大型石油公司下属的加油站为例，由于总部的前期培训有时候不够到位，后期的监管也跟不上，导致众多加油站虽然都打着该石油公司的品牌旗号，但提供的服务质量却参差不齐。甚至有些地区的加油站还会向油品中掺入廉价的酒精溶液，损害消费者利益，完全不像一家大品牌的所作所为。

因此，区块链技术在能源去中心化经济体难以成型的情况下，实际上仍然有在这一行业落地的可能性，其具体措施如表 4-4 所示。

表 4-4 区块链技术赋能能源行业的措施

覆盖方面	具体措施
能源企业内部	企业体量过大，内部运转成本高，需要智能合约来提高效率
能源企业外部	覆盖范围太广，品牌效应弱化，需要区块链作为信用中介

首先，在能源企业内部，如果想通过提高决策效率来压缩企业反馈时

① 四表合一有两重含义：一是指将水、电、气、暖四大仪表进行集中，以便于记录；二是指在收取费用时，由一方先收取费用（目前主要是电网公司），然后将相关的费用分发到其他合作伙伴那里，以便于管理。

间，就需要企业相关部门将一些事务的决策权下放。对于企业决策层来说，很多时候比较可靠的事务执行者并非下属基层员工，而是遵从“代码即法律”原则的智能合约。智能合约的可信运行环境又需要区块链来营造，如此便为这项技术的落地提供了切入口。例如，2018 年某石化集团在高度复杂的石油贸易环节使用“区块链 + 智能合约”技术，大幅提升了原油交易的执行效率，减少了 20% ～30% 的交易融资成本。

其次，在能源企业外部，尤其是针对某些 C 端用户的庞大分支业务上，企业品牌效应的弱化，使这些领域的服务供应经常呈现出“准去中心化”的格局（毕竟即使同一品牌和下属机构，彼此间的服务也参差不齐）。也就是说，用户可以通过基于区块链的发票证明自己的真实消费者身份，进而在相关的交易平台上对这些终端服务机构进行评价，通过量化其服务质量，为其他人提供选择依据。

4.4.4 总结

从上述分析来看，区块链技术在能源行业的应用落地是一个颇有趣的过程。虽然这个领域的特性使理论上的去中心化经济难以走通，但正是因为能源企业的大包大揽，反而使其品牌效应遭到了弱化，最终可能又不得不求助于区块链技术。这个案例给予我们一个启示，那就是物极必反。如果一个品牌想要为太多的人站台，最终很有可能会因为“泛滥”而降低自己的公信力，这是我们在寻找区块链落地场景时可以参考的一个原则。

4.5 区块链 + 建筑业：城镇化机器的润滑油

4.5.1 建筑业：发展中国家的经济龙头

建筑业是专门从事土木工程、房屋建设、设备安装以及工程勘察设计工作的生产部门，其产品是各种工厂、矿井、铁路、桥梁、港口、道路、管线、住宅以及公共设施的建筑物、构筑物和设施。根据经济产业的现行分类，建筑业可以被分为四大块：一是房屋建筑业；二是专注于交通、水利、能源等设施前期主体施工的土木工程建筑业；三是专注于中期水、电、气等设施安装的建筑安装业；四是对成型的建筑进行处理的装修行业以及其他相关领域。

建筑业属于劳动、资源、资金的多重密集型行业，涉及的领域较多。因此，对于很多处在城镇化进程的发展中国家而言，建筑业往往会成为经济发展的龙头行业。统计显示，仅房屋建筑业就可以拉动上百个甚至数百个子行业的发展。十年前不少受人青睐的职位，从建筑设计、土木工程、工程监理，到园艺设计、泥工瓦工、房产销售，都与建筑行业有或多或少的关系。所以，现实中很多人会将衡量经济周期的库兹涅兹周期直接与建筑业周期划等号。但也正是因为建筑业牵扯的利益主体过多，且有不少环节多年都未能形成品牌效应，因此内部存在较高的协调与信任成本。

具体地看，建筑业的产业链如图 4-4 所示。

在宏观层面，建筑业的产业链相对比较简单，其核心利益主体一般为项目业主，收益为通过出售或出租建筑物所获得的费用，付出的成本则覆盖工程主体的整个生命周期。在工程前期，需要购买土地、设计图纸；在工程中期，需要雇用建筑队进行施工，对项目进程进行管理；在工程后期，可能还需要进行对外销售。而从微观层面看，很多大环节内部又存在小环节，各种各样的协作摩擦就是出现在这些大大小小的环节之间，这就为区块链的植入营造了可乘之机。由于篇幅所限，本节不对各种协作摩擦做一一介绍，仅挑选两个对建筑质量影响权重较大的因素，对其与区块链技术结合的可能性进行分析。

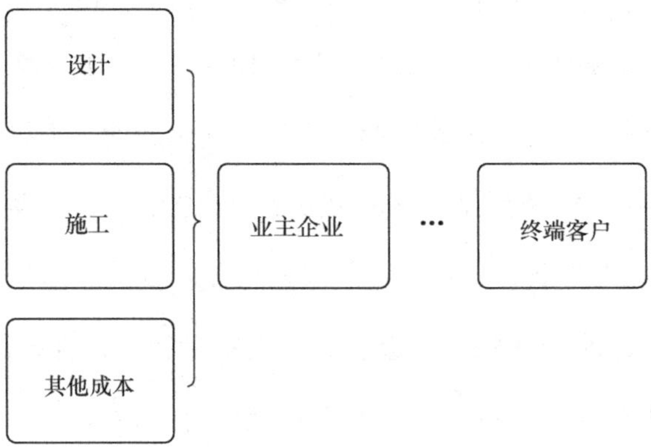

图 4-4　建筑业产业链简图

4.5.2　成本侧：被隐藏的巨大协作摩擦

正如前文所述，建筑业的一个重要痛点是其内部过高的协调成本。由于众多利益主体的加入，以及技术的渗透程度较低，建筑业协作网络的复杂性远超一般产品与服务交易，很容易因信息不对称而产生较高的协作成本。举个简单的例子。假设工程项目在建设过程中出现了与图纸上不一致的情况，这往往要在经过一段时间之后才有可能被监理察觉，从而需要推倒重来。例如，某一建筑在设计之初采取了较别致的样式，不料施工到一定程度后才发现这种建筑样式在现有的材料条件下存在安全隐患，结果不得不返回设计院重新规划，这其中牵扯的利益主体甚多，导致各方都苦不堪言。

面对这种情况，自 21 世纪起，建筑业利用计算机技术给出了一个名为 BIM 的解决方案。该方案全称为“Building Information Modeling”，中文译为“建筑信息模型化”，其背后的技术原理不难理解。传统的建筑设计图纸都是以 2D 的平面形式呈现，而 BIM 则是以 3D 的形式呈现建筑模型；如果辅以时间轴，还能够以 4D 的形式来呈现建筑的动态建造过程。BIM 最早出现于建筑设计环节。由于其能够更精准地呈现建筑的状态，因此在经过多年的发展之后，BIM 技术开始逐渐从设计环节渗透到项目的规划、施工、运维乃至整个产业链。除了可以让设计团队提高设计质量之外，其还可以让造价团队统计材料成本，让施工团队模拟施工过程，等等。由于这种全面的渗透，当下的 BIM 应用模式也被业内称为“BIM 2.0 时代”。

从理论上讲，如果 BIM 技术能够融入项目施工的整个过程中，包括设计院、监理、业主在内的多个利益主体都将能够更全面立体地了解项目的进展情况，进而有效提升系统的效率。相关信息显示，将 BIM 技术应用到工程建设中，能够使工程进度达到 10% 的效率提升，极大地减少工程返工，并且明显改善工程的管理能力。例如，被称为“北京第一高楼”的中国尊大楼正是因为采用了 BIM 进行项目管理，才在工程量大、工期紧、工程形式复杂、场地空间有限的条件下，既节约了成本，又实现了业内较快的建造速度。

然而，从实际情况来看，目前 BIM 在业内的推广并不是很顺利。和所有数字化技术一样，BIM 的推广也面临着 1.3 节所提到的两个瓶颈，其中之一就是信任问题。目前，绝大部分的建筑图纸都由设计院提供。但是，由于考虑到提供过于详细的资料可能导致知识产权流失，因此设计院对图纸的提供可谓是慎之又慎。例如，不少单位在使用2D图纸时都仅仅提供纸质版而非电子版，即使提供电子版，也是无法编辑修改的格式。然而，BIM在建筑全产业链中的价值就是要协调各个利益团体主动在模型上添加更多数据。例如，设计团队主动在材料上添加设备参数，造价团队主动添加损耗量，施工团队主动添加材料的来源等，从而使上下游能够更好地利用BIM。如果不能协同各方在图纸模型上进行编辑，那么BIM的作用将会大打折扣。

在这种情况下，就可以考虑将区块链技术应用到BIM中。通过将BIM模型的使用和修改记录、责任风险条款、知识产权归属信息部署在区块链上，便可以在缺乏权威行业第三方中介的情况下为建筑模型确权，同时了解到信息修改的来源。除此之外，还可辅以其他加密技术对复制图纸模型的请求予以拒绝，避免出现信息剽窃的情况。如此才有机会让设计院对其他利益主体产生信任，最终同意发布可修改的BIM建筑模型。

但是，由于一系列原因，除了信任之外，BIM的落地还面临着信道方面的诸多制约，也就是业内俗称的建筑信息化。其中的干扰因素多种多样，主观方面有建筑业较保守、相关人员学习意愿不强等原因；而在客观方面，BIM软件市场尚不成熟规范、行业标准不统一及传统项目的管理模式不兼容等因素也阻碍了BIM的落地。从这种情况来看，BIM在信道方面的条件并不是某一个点的问题，而是一个系统层面的问题。归根到底，还是目前我国建筑业与其他国家相比尚处于发展阶段的早期，只有行业成熟之后，相关问题才有迎刃而解的可能。

4.5.3 收益侧：价值链流转中的质量损失

值得注意的是尽管建筑业在运行过程中付出了较高昂的协调成本，但很多时候工程的质量却并没有随之提高。在相关技术已经较成熟的当下，这种质量上的瓶颈显然不能归因于客观因素。事实上，目前一些建筑质量的不尽如人意，很大程度是人为因素导致的，也就是建筑工程的分包环节。

由于建筑行业涉及的协作方比较多，仅凭单个企业难以完成所有任务。因此，中标企业经常将一些工作外包。按理来说，这是非常符合社会分工原理的。例如，一些大型工程项目的高资质中标企业在技术管理方面具有很大的优势，而资质级别较低的企业则拥有整合机械设备和劳务资源的优势。但是，工程的外包并不是无限制的，按照《建筑法》《招标投标法》《合同法》的规定，在目前的建筑工程中，主体部分不能分包，必须由中标企业亲自操作，其他部分如果要进行分包则需经过业主的同意。然而，现实中某些拥有较高资质的企业为了提高产值，经常会在经过一番包装后将中标项目的主体工程甚至全部工程都进行分包（俗称“大包”），既使自己坐享其成，又不违反现行关于工程转包[①]的政策。

但是，尽管这种经过包装的大包转包行为可能与现行规则并不出现字面上的冲突，却无可避免地会造成建筑质量的下降。首先，在技术层面，转包容易使不具有相应资质的承包者进行工程建设，最终造成工程质量低下、建设市场混乱，这也是行政法规严格禁止转包的原因。其次，在利益层面，

① 转包是指承包人在承包工程后又将其建设任务转让给第三人，转让人退出现场承包关系，受让人成为承包合同的另一方当事人的行为。

在转包或大包过程中，由于中标企业不直接参与项目的建设，因此它实际上成了一个变相的信息中介，从中以管理费之名收取中介费。如此一来，某些已经是低价中标的、没有多大利润的项目落到施工方手里时，收益则变得更低。尤其是在当前工地倡导绿色、环保、文明施工等标准化的背景下，分包商的成本比以前更是大幅增加。为了保证利润空间，分包商便会使用低价劣质的材料，在施工过程中偷工减料，相关人员的积极性也会有所下降，而上述种种行为的最终结果都会反映在建筑的质量上。

在这种情况下，行业就有必要使用区块链来对相关行为进行约束。具体做法就是在工程招标的环节运用区块链技术，使招标过程可以在信息极难被篡改的平台被记录和监督，有效降低信息不对称的情况。例如，业内可以考虑建立区块链资金管理平台，将企业的各项劳务合同、银行往来账务、工资发放情况全都上传到区块链系统中。考虑到有不少建筑企业的资金流高度依赖业主甲方的工程款，因此通过相关交易记录和资金的流向可以让有许可权的利益主体清楚地看到，在工程进行的过程中有无大包甚至转包的行为。

然而，需要注意的一点是某些建筑工程出现分包主体工程的现象固然与一些从业人员主观上盲目追求利益、不遵守行业规则有关，但考虑到这并非个别现象，因此从客观上讲，建筑业的环境也要对此承担一部分责任。具体地看，在“业主—中标企业—分包企业”的价值链中，两个中间环节都有可能会压缩分包企业的所有利益，进而影响工程的质量。

首先，在“业主—中标企业”一环，某些业主报价过低，或者竞标企业之间为了中标而打价格战，使项目的中标价格就不是很高，市场盘子有限。

其次，在“中标企业—分包企业”一环，某些高资质的中标企业在看到较低的中标价格后认为很难从中获利，因此改变了盈利模式，从工程方转变成中介方，将施工所获得的“辛苦钱”变成旱涝保收的“信息撮合费”，进一步压缩了施工团队的利益所得。

所以，如果想改变目前建筑业的大包乱象，区块链固然能够发挥一定的技术支持作用，但归根结底还是要从改善行业环境入手，在“业主—中标企业—分包企业”的价值链中剔除那些可能影响工程质量的因素，同时辅以区块链技术，摒除一些主观作恶的可能性，才能够从根本上杜绝出现类似的现象。从这一点来看，区块链对建筑施工环节的改善，与我们在 4.2 节提到的“区块链 + 采矿业”有着异曲同工之处，那就是以完善规则为主、信息上链为辅。

4.5.4　总结

由于信道的因素（相关基础设施不成熟、行业规则未建立），在目前的建筑行业中，区块链处于一个比较尴尬的境地。考虑到这个传统领域对技术的适应性不强，因此在可预见的一段时间内，我们可能很难在建筑业看到区块链技术的落地。然而，如果刨除信道的因素，建筑业其实是区块链技术比较理想的一个落地领域。目前，这个行业没有太多有品牌效应的服务供应商，也缺乏一个高威望的可信任中介，恰恰适合区块链这种分布式账本技术的应用。

5
CHAPTER

第 5 章　区块链 + 第三产业结合方案

5.1 第三产业概述

所谓第三产业，是指第一、第二产业以外的其他行业，主要包括交通、餐饮、金融、教育、批发零售等非物质生产部门。由于覆盖范围比较广泛，因此，第三产业也被统称为服务业[①]。与第一、第二产业相比，第三产业具有资源消耗相对较低、环境污染较少、就业弹性较高、产业附加值较高等特点。因此，第三产业经常会成为主管部门理想的地区经济支柱。纵观各类产业政策文件与报告，很多时候所谓产业转型实际上就是指从第一、第二产业到第三产业的转变。

从世界范围来看，很多国家都曾经历过从“一/二到三”的产业转型过程，如美国、日本等。数据显示，现在很多发达国家的第三产业增加值占比已经达到了70%以上，而我国也正处于这个转型过程中。1978年，我国第三产业增加值比重仅为24%。在历经多年的发展与调整之后，第三产业呈现出了强劲的发展势头。2013年，第三产业增加值比重首次超过第二产业，达到46.1%。2015年，第三产业增加值比重更是达到50.5%，首次突破50%。我国产业结构调整初见成效。

① 此处的服务业一般是指狭义上的服务业，因为从广义上讲，所有行业都可以算成是服务业。

不过，虽然目前的第三产业在总量上已有显著的上升，成为经济社会的重要组成部分，但其内部结构仍存在一定的优化空间。具体表现为目前第三产业中产值领先的主要是低附加值的初级服务业，如批发零售业、房地产业等，而金融、医疗等现代服务业的比例相对较低，相当一部分的市场空间都由一些老牌的国际化巨头掌控。

但是，包括互联网在内的各种数字技术的出现，使近年来各种第三产业的供应权出现下沉，原有的行业巨头遭到弱化，整个行业呈现出大洗牌的趋势。在这种情况下，后发国家的第三产业面临着一个绝佳的弯道超车时机，快速地实现产业转型已不仅仅是理论上的设想。本章所要介绍的，就是包括区块链在内的数字技术将会如何对第三产业进行改造。

5.2　区块链 + 零售行业：持续进化的领域

如果说互联网技术对哪个传统行业造成的冲击最大，那么零售行业必然能在其中占得一席之地。从最开始的传统百货商店到风靡网络的电子商务，再到现在线上线下融会贯通、相互结合的新零售 O2O，这个人们在日常生活中高度依赖的细分行业在面临新技术的冲击时，于过去的十几年时间内经历了近乎天翻地覆的变化，以各种此前未曾预料到的形态出现在人们面前。在本节中，笔者对区块链在零售行业的落地情况做出了分析与展望，探索两者之间是否能够进行结合，如果能，又会产生怎样的化学反应。

5.2.1 零售行业：双重夹击下的突围

零售行业属于典型的、遭受上下游两面夹击的细分产业。一方面，由于市场化程度非常高、参与者非常多，其在包括地价、人力等成本的上涨趋势前并没有议价权；另一方面，来自线下竞争对手与线上颠覆者的冲击又在不断蚕食着其现有或潜在的市场份额，这样的局面使很多传统零售行业的经营者都发出了“生意难做”的感慨。有关数据如图 5–1 所示，自 2010 年以来，我国零售连锁百强企业的销售额增速便一路下滑，从 2010 年的 21.2% 下降到了 2018 年的 7.7%。2016 年，我国零售连锁百强企业销售额增速一度达到史上最低的 3.5%。

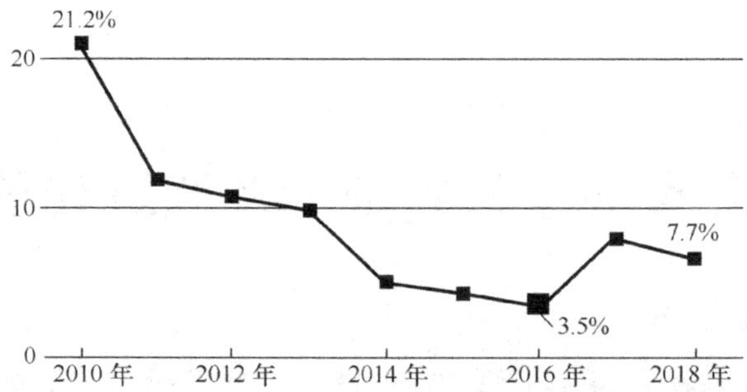

图 5–1　2010 年至 2017 年零售连锁百强企业销售额增速情况

在这种情况下，“触网”成为很多零售行业利益主体的选择。我们结合现实情况不难发现，除非各项条件都较优越（例如，地理优势正好处在高人流量的社区入口），否则绝大多数的零售行业利益主体都会选择与互联网平台进行合作。但无论以何种形态出现，零售行业的运营思路都没有改变。我们可以具体分析其产业链，如图 5–2 所示。

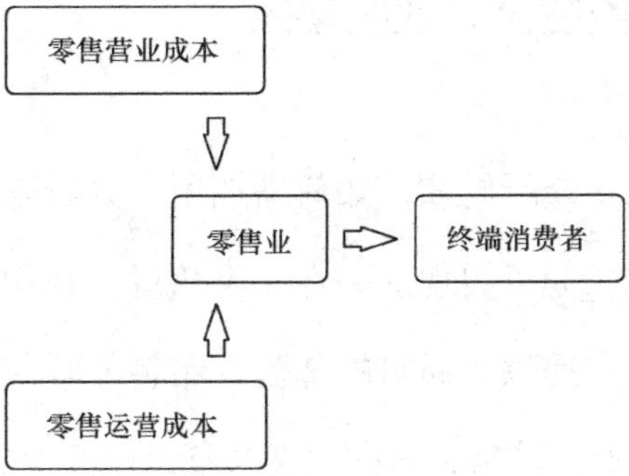

图 5-2　零售行业产业链

在收益侧，零售行业的收入主要来源于商品销售。相对复杂的其实是在成本侧，由于各零售行业所销售的商品不同，各行业知名企业的经营状况也各不相同，因此业内没有一个比较权威的统计数字来说明零售行业的成本结构是什么样的。目前，零售行业公认的、最主要的成本包括两个方面。一方面是营业成本，也就是商品进货所花费的费用。在没有额外中间商的情况下，零售商主要向批发商（或分销商）进货，批发商则主要向原产厂家进货。另一方面是运营成本，主要包括房租、人力及水电费等。零售行业产业链优化的切入点主要包括以下几点。

（1）在收益侧，尽可能通过团购、用户画像、O2O 等手段扩展商品的销售渠道。

（2）在营业成本侧，通过库存管理的手段减少货物对流动资金的占用。

（3）在运营成本侧，借助新兴的技术和商业模式，对房租与人力这类主要费用进行削减。

在本节接下来的部分，笔者就从收益、营业成本、运行成本三个方面入手，探讨目前零售行业存在的痛点，以及区块链技术能在其中起到什么作用。

5.2.2 收益侧压价提量：社区零售

首先来看收益侧。众所周知，如何增加用户数量与黏性已经成为目前零售行业最关注的问题。为了实现这一点，零售行业利用了多种新技术与新模式，从各个方面为用户提供高质量的体验，希望能够获取新增用户，同时抓住存量用户。具体地看，其努力方向主要包括以下几个方面。

（1）价格方面，为用户提供低于市价的商品与服务，具体落实方式就是团购，通过以量补价来压低商品价格。

（2）商品方面，借助 AI 算法等数字技术手段，打造个性化的“千人千店”零售前端。

（3）时间方面，通过“前置仓”“店仓一体”等 O2O 方法，大幅缩短用户从下单到取货的时间周期。

严格地说，团购这种模式早在 2010 年前后的互联网行业便已十分流行，期间更一度引发被视为行业史上竞争最激烈的“千团大战”，后因补贴过度、透支资金储备而谢幕。近年来兴起的、被资本关注的团购则是被称为“社区团购”的一种新业态，其具体原理如下：有货源渠道的小区业主（俗称“团长”）在业主群里发出商品信息（通常以小程序形式呈现），由于其商品价格往往比周边市场的商品价格低，而很多业主又对商品价格特别敏感，因此可在短时间内汇聚大批流量；一旦价格突破一定阈值，供应商便会送货上门。

从现实的成效来看，这种“小规模农场供货 + 社区 KOL 获得流量”的组合在促进商品销售上效果颇佳。由于小区业主居住比较集中，因此物流无需零碎的配送步骤，其成本较传统团购模式可明显降低。同时，免除中介环节所带来的低渠道成本，以及预付现金所带来的低资金成本，使社区团购的价格有较大的优势。因此，近几年社区团购的出货规模增长也相当迅速。在这种情况下，包括生产商、批发商、线下零售商在内的诸多零售行业利益主体都盯上了社区团购这块蛋糕，想要切入这个产业链中，进而通过“自己供货 + 社区 KOL 提供流量”的组合来增加自己的销售额。根据粗略统计，在被称为“创业寒冬”的 2018 年，社区团购行业在下半年不到 100 天的时间内就获得了约 20 亿元的融资，这可以说是科创资本市场为数不多的亮点。

但是，对于这些专注于社区团购的零售平台和零售商来说，目前他们在运营中存在一个很大的隐患，那就是社区的流量并不掌控在他们自己手里，而是掌控在“团长”手中。换句话说，零售商和零售用户之间存在“团长”这样一个中介。尽管他们会要求“团长”建立达到一定人数的微信群，同时派专员在微信群中进行监督，但“团长”并不愿意将自己的流量资本拱手让出。他们一方面通过购买“僵尸”群来应付平台的监督，另一方面又建立真正的社区群聚拢用户。因此，对于零售平台和零售商而言，他们的成交额可能存在很大的波动。如果“团长”想通过他们的渠道购物，那么他们的成交额就会骤升；如果“团长”想切换目标，那么零售平台和零售商在这个社区的销售额就会锐减，进而给企业的经营带来很大的潜在风险。

从理论上讲，很多平台在与“团长”进行的合作中，并不鼓励后者私自截留社区流量（否则也不会有建群监督的要求），因此在基于区块链的去中心化社交平台上，平台是可以通过追踪“团长”的活动轨迹来探寻其是否有私自建群行为的。但是，目前这种方法面临着以下几个问题。

（1）基于区块链的去中心化社交平台由于涉及隐私保护等一系列问题，可能会遭受舆论的压力。这样一来，很多新用户其实并没有太强的意向使用类似的新产品，而原有的高流量社交平台出于对用户感受的考虑，也未必愿意在自家产品中嵌入区块链功能。

（2）即使基于区块链的社交平台确实存在，并且也有很多用户在上面从事社区团购的行为，那么区块链往往只能追踪“团长”账号的行动轨迹。但是，如果“团长”使用小号与社区成员进行联系，区块链便很难对此进行追溯，因为其无法证明这个小号是与“团长”账号之间存在关联的。

（3）即使区块链可以追踪到“团长”的一系列违约行为，很多时候社区团购平台往往也是无可奈何，因为他们与“团长”之间的合作本来就不是绝对平等的。“团长”在此前的经营过程中已经在社区内建立了威望，得到了社区成员们的信任，可以说是自带流量。所以，平台如果想在社区内将自己的产品销售出去，就只能选择与垄断社区流量资源的“团长”合作。即使后者存在一些不符合此前约定的行为，通常也只能选择接受。

从这点来看，虽然区块链技术确实能在使“团长”行为透明化这件事上起到一定的作用，但这只是理论上的一种推导，其在现实的落地中仍然面临着诸如隐私保护与行业特点等一系列约束，最终大大降低了可行性，堪称是技术理论可行，但实体经济运行情况并不允许的一个典型案例，如图 5-3 所示。

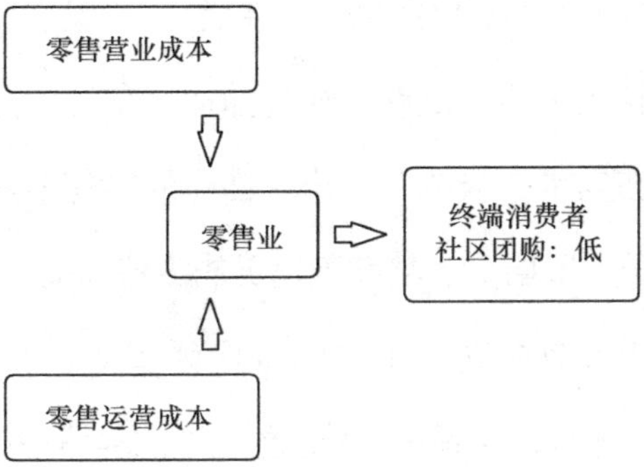

图 5-3　社区团购与区块链结合的可能性

5.2.3　收益侧精准推货：用户画像

影响零售行业销售额的第二个因素是能否提供给消费者想要的商品，进而刺激他们的消费欲望与购物数量。这一点的关键是如何能够在最大程度地满足消费者需求的同时，又避免其出现过高的挑选成本。那种最传统的、“所有消费者一个店”的百货商超，也就是业内常说的零售 1.0，虽然商品琳琅满目，可以满足消费者的诸多需求，但缺点是挑选商品所花费的时间成本过高。对于不熟悉路线的消费者来说，他们甚至有可能会在大商场里迷路。而专业程度更高的零售 2.0，也就是“每类消费者一个店”的专业商超，如水果、甜品、生鲜超市等，固然通过商品的专业化大大减少了消费者挑选所花费的成本，却也降低了能够最大程度满足消费者需求的可能性。例如，你在生鲜店里无法买到衣服和电器，还要前往其他商店继续挑选。

在这种情况下，很多零售行业的从业者一直试图在“多商品种类”和“低筛选成本”中间寻找一个合适的平衡点。目前，实现这个目标的方法主要是将传统的线下店铺转化为线上电商，通过捕捉用户行为进行用户画像，进而深入分析用户的潜在需求，最终打造出个性化的零售前端，也就是实现“一人一店”（也称“千人千店”、精准营销）的零售 3.0。

严格地说，利用大数据进行用户画像这件事情，目前是可以使用区块链技术来改进的。例如，一些有意投放广告的企业在研究渠道数据、对广告受众进行画像时，可能会因渠道方面公开的流量数据不够准确而导致广告预算浪费。因此，此前也曾有研究者提出，可以将部分流通渠道的数据记录到区块链上，为相关企业提供更准确的流量信息。但是，这样的问题还未在零售行业频繁出现。这主要是由于零售平台在进行用户画像时，一般采用的都是自己平台上的真实数据，而并非跨利益主体之间的交涉，因此不会出现“自己骗自己”的信任危机问题。由此来看，目前在零售领域的用户画像过程中应用区块链的必要性不是太大，如图 5-4 所示。

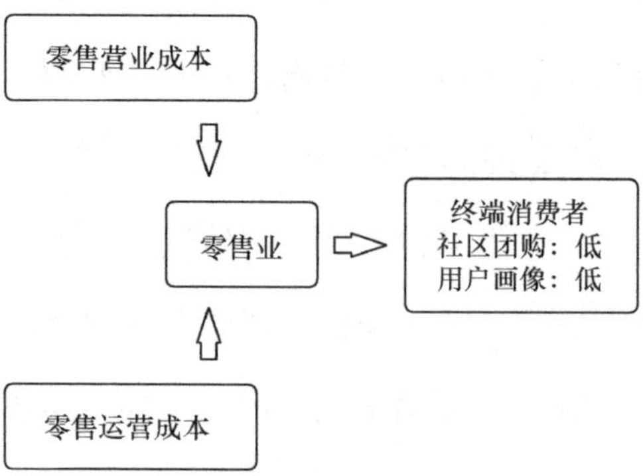

图 5-4 用户画像与区块链结合的可能性

5.2.4　收益侧物流提速：店仓一体

影响零售行业销售额的第三个因素则是从下单到到货的这段周期。这段周期越短，消费者下单的积极性便会越高。而解决的方法则是利用零售 O2O。可以说，零售 O2O 是近年来零售行业资金最密集的细分领域，其甚至在一定程度上已经成了内涵丰富的“新零售”的代名词。零售 O2O 的主要运作原理如下：线上电商巨头在距离社区较近的地方建立仓库，或注资线下零售门店，将其辅以仓库功能。如此一来，用户下单后，平台便可以从距离用户最近的仓库调货，并以尽可能短的时间送货上门。对于这一点，很多消费者应该深有体会。同样的商品，在个体卖家处购买与在电商平台自营店处购买，其到货时间完全不同，后者的到货速度要远快于前者。出现这种情况的主要原因就是个体卖家往往只有一个中心化的仓库，而电商平台则在各地拥有很多分布式的仓库。因此，即使买家的位置比较偏远，电商平台也可以就近送货。近年来以生鲜产品为核心，扩展到医药、鲜花甚至服饰等各零售领域的“N 分钟送达”服务，就是出于这样的原理。

毫无疑问，O2O 前置仓模式的产生堪称零售行业的重要突破，其突破了中央仓库“隔日达”的物流极限，将配送时间压缩到一小时甚至以分钟计，大大提升了用户的购物体验。然而，正所谓世界上没有免费的午餐，消费者享受到的实惠往往就是零售商所要付出的代价。具体到“前置仓”和“店仓一体”这种模式中，则表现为因为供应链延长而导致的成本提升，而且提升幅度不小。由于前置仓通常会深入城市腹地，因此如果花费较多的资金在库存上，虽然可以对用户的订单进行更快的反应，但一方面在货物上占用了大量资金，另一方面仓储成本也比较高——居民区附近的土地一般偏贵且少。因此，如果零售行业想要通过“店仓一体”和“前置仓”这种模式来刺激销量，那么它的关键实际上不在于促销本身，而是在于如何降低成本以使这种模式更有持续性，如图 5-5 所示。

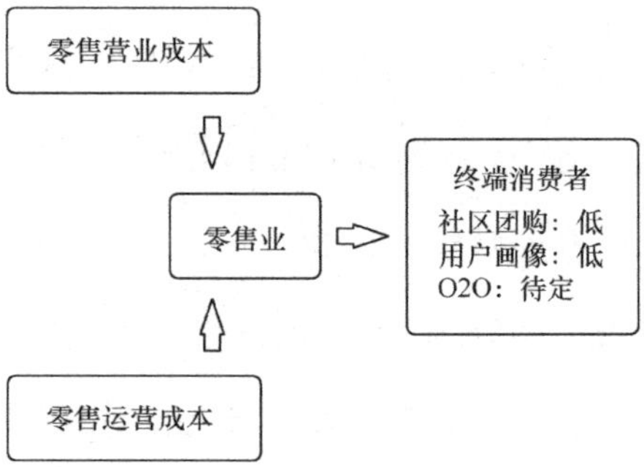

图 5-5　前置仓与区块链结合的可能性

5.2.5　成本侧降低进货成本：供应链管理

正如上一部分所言，零售 O2O 也就是“前置仓”这种模式能够持续下去的关键，在于如何降低其运行过程中产生的多项成本。而本节开头曾提到过，零售行业的成本可以分为两种：一种叫作营业成本，也就是人们熟知的进货成本；另一种叫作运营成本，包括房租、人力及水电费等。由于每种行业的特点和每个店面的管理情况不同，因此目前对这两种成本的比例还没有比较合适的数据。即使如此，但压缩这两种成本有助于减轻企业的负担这件事情在业内已是不争的共识。因此，笔者在下文中将对区块链技术如何削减零售企业的营业成本和运营成本进行较具体的阐述。

首先看营业成本，也就是进货成本。在这方面，目前零售行业面临的最大问题是供应链中的“长鞭效应”。该效应是指供应链上由于信息不对称导致的一种需求变异放大现象。例如，某商品在零售市场中的销量相对较稳定，波动幅度大概只有 ±5%，但零售商向分销商订货的波动幅度可能达到 ±10%，而分销商再向批发商订货的波动幅度可能就会进一步扩大到 ±20%。毫无疑问，对于分销商和零售商来说，他们最后肯定会有一部分库存积压在手中无法变现，从而占用了宝贵的现金流，对经营造成了影响，进而带来整个批发零售供应链系统的成本增长，如图 5-6 所示。

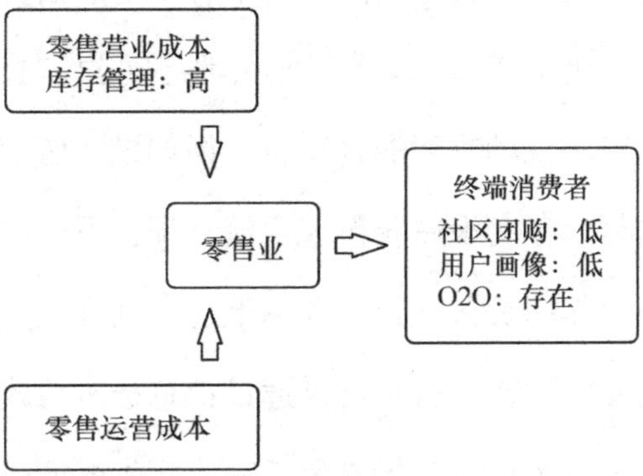

图 5-6　供应链管理与区块链结合的可能性

为何零售行业中会出现“长鞭效应”这种情况？归根结底，还是由于信息流从最终客户端向原始供应商端传递时，无法有效地实现信息的共享，使信息扭曲且逐级放大，导致需求信息出现了越来越大的波动。例如，在市场销售活动中，假如零售商的历史最高月销量为 1000 件，但下月正逢重大节日，为了保证销售不断货，其便会在月最高销量的基础上再追加 a%，于是他向其分销商下订单（1+a%）×1000 件。而分销商出于同样的道理，为了保证零售商的需要又追加了 b% 的订货量，于是向批发商下订单（1+a%）×

（1+b%）×1000 件。而批发商虽然明知分销商报上来的数据有夸大成分，但其并不知道具体需求的情况，因此为了保证分销商的需求，也不得不至少按（1+a%）×（1+b%）×1000 件发货。而且为了稳妥起见，又向上游的生产商加量订货 c%，进而变成了（1+a%）×（1+b%）×（1+c%）×1000 件这样一层一层地增加预订量，导致大量的资金花费在了无效的商品库存上。而作为供应链中新增的一环，前置仓的出现更是进一步增加了这个曲线的波动幅度，使整个零售系统的成本无形中进一步提升。

在这种情况下，如何解决零售供应链中各个节点信息不对称的情况就显得尤为重要。因为对于上游节点来说，虽然他们通过“长鞭效应”可能在短时间内会获得超出市场波动幅度的订货量，但如果下游节点因判断失误而导致仓储积压，无法将库存变现后获得现金流，那么下一次的订货量也将会比预期更低，这并非合作的长久之计。理论上这个问题是可以通过区块链来解决的——区块链的最主要特点就是可以通过信息极难篡改的特性，穿透利益主体的阻隔，解决长链条诸环节传递信息精度损失的问题。假设供应链上的所有利益主体都能够看到目前消费者的消费量为 1000 件，那么他们就都会根据这个基础量进行 a% 的库存波动，而无需在此基础之上再增加 b%、c% 甚至 d% 这种过多的保险系数，继而减少对企业资金的占用，降低库存时间过长所带来的货物损毁风险。

5.2.6 成本侧降低运营成本：无人零售

再来看运营成本，也就是包括土地、人力及水电在内的各项费用。在这方面，目前零售行业采取的最直接的措施是无人零售，或者准确地说是无人值守零售，即配货、理货和清理等步骤由人工负责，而值守和支付等工作则由机器实行全自动化管理。除了一些科技感和高效率等理论上的体验提升之外，无人零售的最大优势在于可有效地压缩人工与土地成本。在人工成本方面，有媒体统计，一个无人便利店省去 3 个店员，算上“三险一金”，一个月的人力成本可以节省 2 万元左右。在土地成本方面，由于包括无人便利店在内的无人零售主体主要布置于封闭小区内，且占用的是小区内原本不能用于租售等商业化行为的空间，而不像传统零售店一样占用的是可以变现的临街底商，因此所承受的地租压力要小得多。一般来说，仅需 5% ~ 8% 的月销售额，无人零售店便可以获得当期的社区入驻权。通过这样的方式，无人零售就此实现了包括人力与地租在内的超低成本运营。

但可惜的是从目前的情况来看，无人零售这种模式没有能够持续地发展下去。至 2018 年底时，除了部分高校的布点之外，业内已传来多个城市无人零售店倒闭的消息。出现这种情况的主要原因，归根结底还是因为利润过低导致的经营难以维持。虽然无人零售解决了人力、地租等高成本问题，但因为相关设备的安装与运维而导致其他的额外技术费用。更重要的是由于包括人脸识别、5G 网络、物联网在内的多项数字技术不够成熟，消费者在无人零售中的购物体验普遍不太好，最终导致成本与收益的倒挂，经营难以为继。

从这一点来看，致力于降低人力与地租成本的无人零售，目前遏制其发展的主要因素是来自数字技术的瓶颈，以及管理体制的粗放（很多无人零售初创公司为了争夺流量而忙于铺开布局，却忽视了用户体验），未来也只能通过技术发展与管理制度的打磨来获得逆转的可能。在这个过程中，区块链所能起到的作用其实不是太多。也许在未来，无人零售店的体验达到一定程度、能够吸引足够多的消费者之后，区块链可能会通过某种形式增加消费者与零售店之间的互信关系（例如，通过链上交易记录来证明自己付过款等）。但是，在目前的情况下，暂时还看不到区块链能够在解决无人零售当前的痛点中起到什么样的作用，如图 5-7 所示。

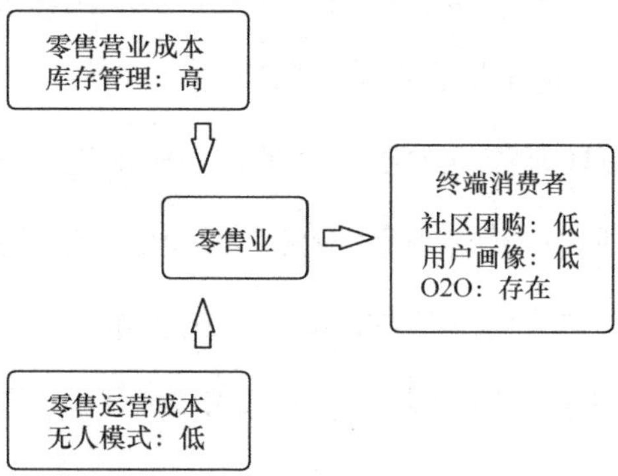

图 5-7　无人零售与区块链结合的可能性

5.2.7　总结

从以上分析不难看出，在零售行业的供应链管理方面，区块链从理论上可以起到降低库存占用资金流的降成本作用，而这种结合又有助于增加 O2O 新零售的持续性。也就是说，在人们眼中已经蜕变了很多次的零售行业，未来仍存在进一步进化的可能。然而历史告诉我们，当一项新技术和新模式成为各方标配时，其产生的最明显的后果就是竞争强度的加剧。零售行业也是如此。正如电子商务虽然在一定程度上降低了商品的价格，但随之而来的则是更惨烈的出货量竞争与成本较量。从这一点来看，区块链技术不是零售行业的“灵丹妙药”，即使有一天其能够为零售行业促进销量、降低成本，其带来的可能也不是行业利润率的增加，而是新一轮激烈的价格竞争。毕竟在这样一个市场化程度高、参与者众多的领域里，什么都有可能发生变化，但竞争却是永远会持续下去的。

5.3 区块链 + 餐饮行业：繁华背后的纠葛

5.3.1 餐饮行业：高隐形成本的创业领域

在第三产业中，餐饮行业可能是人们最熟悉的一个领域，不仅对于消费者来说如此，对于创业者而言亦然。由于其入行门槛低，加上“民以食为天”的观念深入人心，因此对于不少人来说，在缺乏技术硬实力的情况下，餐饮行业经常会是他们创业的优先选择。尤其是在倡导下沉企业创建权的“双创”开启之后，这个领域更是成为不少年轻创业者的汇聚之地。在一些地方，很多人经常会把创业和“开饭店”联系到一起，这使整个餐饮行业的服务提供权大幅下沉，在行业格局上呈现出明显的去中心化。在最夸张的时候，这种权力甚至被下沉到了一些 C 端个体，而非 B 端餐厅的手中，如前两年爆火的共享餐饮、私厨等应用，可以说是将餐饮行业的去中心化做到了极致。虽然后来的事实证明，餐饮行业的服务提供权不适合下沉到过深的层次，但不能否认餐饮行业的服务提供权在近些年是整体下沉的，行业格局的去中心化程度也是有所提高的。例如，过去只有一些知名的餐饮品牌能够拥有连锁店，但是现在只要条件合适，一些草根创业团队同样可以打造出属于自己的连锁加盟体系。而餐饮行业对区块链技术的需求，也正是源自于这种品牌权力下沉所产生的行业问题。

具体来看餐饮行业的产业链及其痛点，在这个问题上，业内有一个比较通俗的概括——三高一低，也就是原材料、人工、房租成本高，而利润率较低。北京的一项调查显示，在2002—2012年的10年间，该市餐饮行业各项运营成本快速上涨。例如，色拉油的价格上涨了120%，猪肉的价格上涨了136%，水的价格上涨了60%，电的价格上涨了100%，人工的价格上涨了347%，房租更是涨了四五倍。而2011年针对上市餐饮企业的一篇报告中指出，餐饮行业的平均净利率仅为8%。在这种严峻的行业环境下，如果餐饮企业的创始人对行业没有深刻的理解，后果将会十分难堪。例如，某些理想主义者经常会在郊区的城中村置办富丽堂皇的茶餐厅，然后被各种小饭馆快速排挤出局。近年来业内流传的"三月死"一词，调侃的就是这种不懂行业、不善经营的餐饮从业者。

由此可见，对于很多眼高手低的年轻创业者来说，如果对餐饮行业缺乏深刻的理解，很可能一方面忙得焦头烂额，另一方面又没赚到钱。在这种情况下，很多餐饮行业新人与其冒着较高的风险去自创品牌，不如成为知名品牌的加盟店，融入对方的连锁体系中。在收益侧，利用知名品牌的信用背书为自己带来更多客户。在成本侧，由于加盟体系中的技术方案都是由总部提供，部分物料也是统一配送，因此店主可以从这些重复性较高的日常杂事中抽身出来，更好地对店内的其他事务进行思考，这对于提高利润率会有很大的帮助。

5.3.2　行业痛点：加盟网络中的信任危机

事实上，在餐饮行业中，“新人做加盟要比自创品牌更好”的道理已经得到了不少人的认可。但从现实的实践情况来看，结果却往往不尽如人意。虽然一些创业者向某些餐饮品牌方缴纳了加盟费（或其他一些费用），但经营效果却跟自主品牌没什么两样，以至于很多加盟者都感到十分不满。出现这种情况的原因有很多，一言以概之，那就是品牌方的支持未能起到预期的效果。其中有一些因素是来自加盟者自身，如店面地址不佳。但也有一些因素是源自于品牌方对承诺的履行未能达到加盟方的预期，甚至没有履行，最终导致加盟方的店面未能顺利融入对方的连锁体系中。

案例 1

创业者小刘与某牛蛙连锁品牌签订了协议，成为后者的加盟方。小刘的生意颇为火爆，规模也逐步扩大。而品牌总部在得知其赚了不少钱之后，决定从中分一杯羹，于是中途强行更改合同，将加盟费加收 20%，并且要求小刘的所有新店装修必须让总部的人来做，其价格比市面均价又要高出 50%。如果小刘不同意，就停止向其提供关键原料。虽然小刘对此非常气愤，但也只能被迫接受，其利润空间相对于预期也就有所压缩。

案例 2

创业者小张与某网红咖啡品牌签订协议，成为后者的加盟方。在缴纳加盟费等各种费用之前，品牌方总部给出了一系列承诺，宣称如果小张的加盟店在运营中遇到难题，总部将会无条件全力支持。不料总部收了钱之后直接撒手不管，任由小张的加盟店自生自灭。尽管小张在开业后不到半年因为生意下滑而多次向总部请求支援，但每次发出的请求都石沉大海。在入不敷出之下，小张的咖啡店最终关张。

可以说，在当下的餐饮行业中，品牌方与加盟方的矛盾已经成为一个关注度很高的问题。从近年的舆论反馈来看，双方的冲突似乎有愈演愈烈之势。出现这种情况的一个很大的原因在于前面所提到的：餐饮行业重心的下沉使成为加盟方或品牌方的门槛大大降低，一些没有相关经验甚至根本就不适合做这一行的人也进入了这个行业，成了品牌方或加盟方。相关的合作磕磕绊绊，颇不顺利，最终导致餐饮行业新人即使想成为加盟方，但对品牌方也存在较多的疑虑，唯恐后者对自己不能给予足够的帮助。

那么，品牌方与加盟方之间的信任危机该如何解决呢？首先要找出加盟方对品牌方支持产生“预期差”的根源。如果加盟方在品牌方落实承诺的情况下依然经营不善，那么很有可能是加盟方自己出现了问题，如品种没选对、店址选择失误等。对于这种情况，最好的解决方案是让加盟方提高自己对餐饮行业的洞察能力。如果是品牌方没有做到协议中对加盟方的支持，那就是品牌方失信了。解决这个问题的关键是如何让品牌方在收取加盟费之后，还能够按照合同的约定为加盟方持续提供帮助。对于这一点，可以说基于区块链的智能合约就是一个现成的解决方案。

事实上，像品牌方与加盟方的这种问题，现在的人们其实并不陌生。在前两年“知识变现”被议论得轰轰烈烈之时，各领域很多所谓的“行业大佬”也顺势而为，建立了属于自己的知识体系，极力吸引投资者进入。然而，投资者在花费数百甚至数千元的入群费之后，却发现“大佬”在里面根本更新不了几次。一年下来，这些入群费全都打了水漂。出现这种情况的根源还是因为像这样的付费机制相当有悖于人性。对于群主而言，他在一次性拿到自己全年的报酬之后，就几乎失去了继续输出的动力，但如果是回答一个问题得到一部分报酬，那么其肯定会在经济激励之下孜孜不倦地持续为群友们服务。餐饮行业也是一样，为什么品牌方经常会出现不履约的情况？因为加盟方已经一次性预支了一年的费用。既然钱已到手，那么品牌方落实承诺的动力自然就不强，毕竟干多干少都拿这么多。而如果这些钱随着工作的进度分批支付，那么品牌方为了获得加盟费，自然就会有动力去落实加盟之初的承诺了。

因此，基于区块链的智能合约解决餐饮连锁信任危机的思路如下。

品牌方与加盟方在谈妥加盟规则之后，将相关的规则设置为智能合约。品牌方每履行一项支持承诺并得到加盟方的确认之后，账户里对应的加盟费就会被自动释放到品牌方的账户当中。考虑到品牌方也有可以创造现金流的直营店，而加盟费往往只是一部分收入，因此这部分资金的分批释放往往不会对品牌方的利益造成特别致命的影响，一般来说也是可以接受的。这就是区块链技术解决餐饮行业痛点的基本原理，如图 5-8 所示。

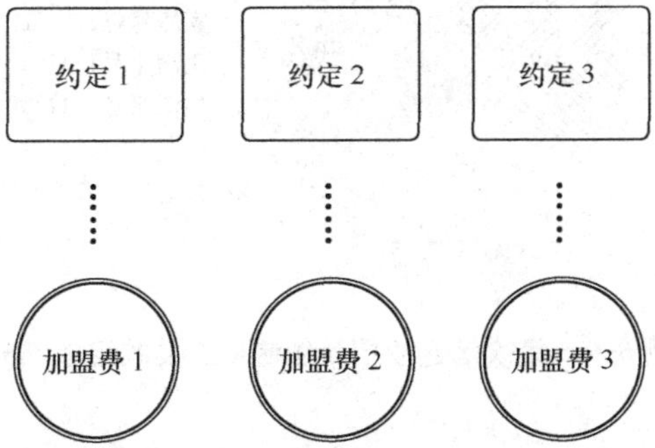

图 5-8　“区块链 + 连锁餐饮”的基本原理：履一点约，释放一部分加盟费

严格地说，这种品牌方与加盟方的区块链解决方案适用于所有的连锁行业，但应用到餐饮行业的效果相对来说比较好。首先，在所有招商连锁行业的项目中，当属餐饮行业的项目数量最多，占比约 1/3，如图 5-9 所示。其次，其他行业（包括教育等）因为见效慢，成为品牌方所需的时间长，因此相关服务的提供权从中心化机构下沉的速度比较慢、幅度比较小；而餐饮行业的顾客反馈往往非常快速，一顿饭过后就能对产品给出评价，所以形成品牌的周期很短，相关服务的提供权下沉速度较快、幅度较大，很容易闯进一些不成熟的经营主体，因此品牌方与加盟方之间的矛盾也就更严重。所以，利用区块链来创造信任就是非常有必要的。尽管这个方案可能不那么完美，但由于为了加盟店，加盟方除了加盟费之外，已经付出了一系列沉没成本，所以即使中途解约止损，省下来的也只不过是一些加盟费而已。因此，如果品牌方比较强势，以停止供料等条件为要挟，强制加盟方释放资金，很多时候加盟方也只能忍受。但是，上述区块链解决方案至少对某些品牌方肆无忌惮的行为做出了一定程度的制约，这是毋庸置疑的。

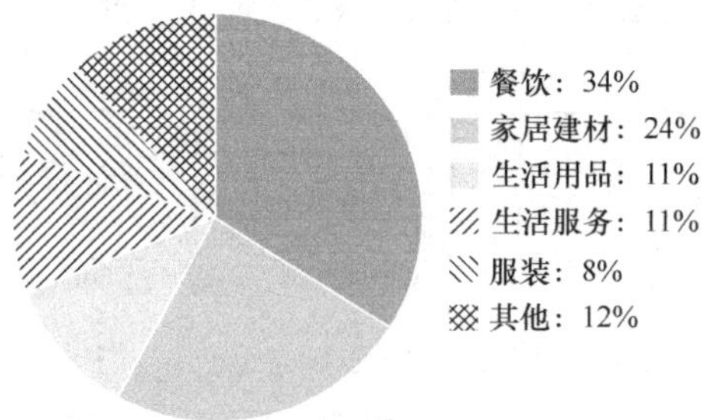

图 5-9　餐饮是连锁招商领域最主要的组成部分

5.3.3 总结

这个解决方案面临着一个很大的风险。对于加盟方而言，品牌方固然不是一个值得过于信任的对象，但区块链技术及其项目就完全可以信任吗？事实上，餐饮店主最信任的中介可能还是像饿了么和美团这样的大平台。关于这一点，其实做一个设想便不难明白。假设针对上述行业痛点，饿了么、美团两大巨头开发了一个中心化的“加盟宝”，而某区块链创业公司做了一个去中心化的“餐饮链”，那么用户会选用谁的产品？最有可能的结果是在店主看来，饿了么、美团这样的 IT 大公司之前已经把自己的业务做得足够好，那么进入新的领域肯定也不会差，而且人家家大业大，不太可能拿走自己抵押的部分加盟费，最重要的是自己在这些平台上积累的口碑可以直接迁移过去。至于区块链的“餐饮链”，由于缺乏口碑积累，背后技术难懂，而且要成为其用户还需重新注册一次，之前在业内积累的所有口碑可能都很难进行迁移。因此，用户会选择谁的产品，还真是一件值得商榷的事。

正如此前在 2.5 节中提到的，区块链与餐饮的结合尝试透露给我们一条信息：对于区块链解决方案，如果目标用户目前已经聚集在某一个中心化的互联网平台之上，那么其面临的挑战将会很大——不仅需要开发底层系统，而且要努力获客。要达到同样的目标，互联网平台可能只需要开发一个（甚至直接复制）底层系统就行了。至于流量和用户，那都是现成的。尽管用户可能经常会对这些平台表示不满，但这些人在实际行动中还是会把票投给中间化的平台，而不是投给相对来说效率较低的去中心化区块链。对于项目创业团队来说，这是一个非常需要注意的现象。

5.4 区块链 + 金融行业：寻找合适的权力下沉幅度

所谓金融，顾名思义就是资金的流动融通。正如水的流动源于地势差一样，资金的流动也源于资金的“势能差”。在日常的生产生活中，从个人到企业，每个利益主体的资金平衡表经常会出现供需不对等的情况，要么家有余粮、资金供过于求，要么存储匮乏、资金供不应求。前者好比高地，资金有外溢的趋势；后者好比坑洼，有资金流入的倾向。其中，资金的提供者一般被称为资金方，资金的需求者一般被称为资产方。金融行业与相关机构的职责就是在两者之间进行撮合，以使合适的资金流入合适的资产中。其所起到的作用可以是直接对接，如银行与证券等；也可以是间接辅助，如提供投顾服务的咨询公司和券商等。鉴于在一般的产业分类名录中，以银行等直接融资为主的货币金融服务、以证券等间接融资为主的资本市场服务及保险行业所占的产值和比重比较多，因此在本节和下节“区块链 + 保险行业”中，笔者主要阐述区块链对银行、资本市场、保险行业三个领域的影响。本节主要探讨宏观金融的发展情况，以及区块链在其中起到的作用。

5.4.1 金融行业：从业权下沉幅度最大的细分领域

与其他行业相比，金融行业（尤其是资本领域）可能是过去几年间从业权下沉幅度最大的细分领域之一。即使对于远离行业中心的普通人来说，这种变化都是可以感受得到的。在传统印象中，能够从事金融行业的企业往往都是非常有背景的单位，而金融从业者也以专业精英为主。然而在短短的几年内，无论是金融机构还是金融从业者似乎变得无处不在，遍布线上线下的每个角落。

金融行业的去中心化并非无章可循，出现这种变化主要源于两大方面的原因。一方面，随着经济的发展，当下存款的规模和需要资金的项目的数量都急剧增长，如图 5-10 所示，而原有的金融体系却无法满足相应的投融资需求。在传统的资金网络中，不管是直接融资还是间接融资，融资权与投资权都掌握在少数人手里。例如，在证券市场中，能够上市的企业需要经过严格的审查，而能够在一级市场上购买其股份的也是有一定实力的投资机构；在股权私募中，私募基金针对项目往往有一套严格的事前、事中及事后风险控制体系，而投资者更是需要满足《基金法》规定的三项标准。也就是说，只有那些社会资源较丰富的阶层才会拥有一定的投融资权利，而中小企业与中小投资者则与之无缘。

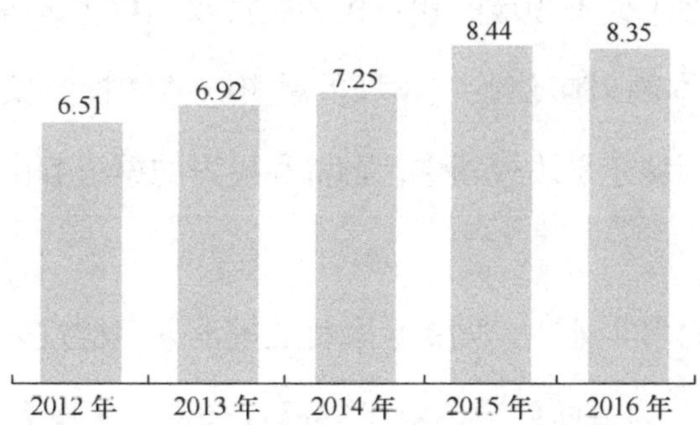

图 5-10　2012—2016 年金融行业增加值占 GDP 的比重情况

另一方面，如果说原有的中心化金融体系的缺陷构成了去中心化金融体系崛起的深层原因，那么近年来经济与科技的一系列发展变化则成了点燃金融行业去中心化的导火索。首先，在经济侧，随着近年来宏观经济增速换挡，产业结构调整，一批传统产业（如制造、外贸等）的资金短缺现象日益严重，这些产业的从业者也相应受到影响，急需资金来缓解生产和生活危机。一些新兴行业在短期内积累了大量的资金，因而对能够使财产实现保值增值的项目有着浓厚的兴趣，社会融资与投资的需求进一步加剧。其次，在科技侧，移动互联网导致的信息大爆发，使由于行业分化和阶层分化导致的资金荒和资产荒矛盾暴露出来，而电子快捷支付的出现则使价值的快速转移成为可能。

在这种经济环境与科技水平双线并进的情况下，诞生于 2006 年的 P2P 网贷平台在 2011 年之后开始快速发展。由于此类平台往往只是作为收取服务费的信息中介而存在，不设资金池，也就是未吸纳公众存款，因此在“普惠金融”的口号下未受到政策的严厉管制。目前，此类平台在以“市场自律为主，行政监管为辅”的方式下运行，不设准入门槛，仅实行负面清单管理。自此，（准）债务领域的融资权和投资权出现了大幅下沉[①]，而创业领域各种基金资本的兴起使股权领域的融资权益和投资权也沉了下去。所以，无论是债权领域还是股权领域，融资和投资的渠道都出现了明显的去中心化。

然而，后来的事实证明，如果金融行业的准入门槛过低，资金方和资产方就可能产生很大的负面效应。对于融资方来说，在没有中介审查的情况

① 目前有很多网贷项目并不给出明确的回报率，只给出浮动的收益水平，但考虑到一般情况下都能保本，因此可以算是一种准债权融资。

下，大批投机分子涌入这个领域，成了所谓的“资产方”，在进行极具迷惑性的自我包装之后就可以轻易地融到大量的资金，但因为完全没有相关的经营能力而无法给出投资者预期的回报（事实上，很多所谓的平台才是真正的融资方）。对于投资方来说，很多普通人此前已经习惯了上市公司的小幅市值波动，而对初创期的项目如何才算是靠谱以及可能会面临多大的风险等事情几乎完全没有认识。在投资之前，他们往往只挑营销声音最大的。而在投资之后，一旦目睹股权项目陷入经营困局，不管是股权项目负责人恶意跑路，还是项目面临经营风险，他们都会一股脑地进行声讨维权。

从这一点来看，很多理想主义者设想的“金融彻底平权”实际上是不可能实现的。专业素养、道德品质和心理素质的差异，决定了金融行业的融资权和投资权就不应该被下沉到每个人的手中。尽管它的下沉很有可能会冲破现有的融资限制，就好像当初非银行投融资业务的下沉冲破银行的投融资业务一样，但终究还是要在监督下回归到合理的下沉幅度之内。和私募基金领域一样，监管将会覆盖募资的事前、事中以及事后的整个生命周期。在这个监管的过程中，区块链可能会产生一定的作用，其具体使用场景主要是将资金流动信息上链。这样至少可以避免融资过程中出现人们最担心的两种情况：一是在债权融资领域，平台方借信息撮合之名行资金池之实；二是在股权融资领域，资产项目方对资金进行违规使用。这两种方式有助于在去中心化的金融体系中增进投资方对资产方的信任，进而使融资权与投资权下沉到一个合理的位置。

5.4.2 解决方案：区块链技术引发的“鲶鱼效应”

尽管极端的去中心化会扰乱现有的行业秩序，但金融行业过度的中心化也并非最佳选择。从相关经验来看，如果某些产业链环节的权力过于集中到单个机构手中，很有可能会导致系统运转效率的下降。以银行业为例，目前大中型金融机构的清结算业务往往都要在上一级金融机构中完成。例如，商业银行的支行之间结算需要通过总行，商业银行总行的国内清结算业务需要通过央行，而国外的清结算业务则要通过 SWIFT 网络。像这种进行清算结算工作的，也就是执行账本修改的金融中介系统，由于其相关权力过于中心化，很有可能会因为主观态度的懈怠或客观工作的积压，而无法及时处理完清结算的需求。例如，2018 年的一项调查显示，目前 SWIFT 网络每秒可处理的交易大约是 347 笔，这样的水平即使在不追求流量的区块链网络中也不算突出，更不要说全球的转账交易了。因此，近些年来人们对 SWIFT 效率低下的怨言越来越大。例如，很多人表示跨国汇款的速度有时还没有带现金坐飞机快。而分行之间和商业银行的国内业务虽然没有像跨国支付这样夸张，但或多或少也面临着类似的问题。毕竟这些机构彼此之间的清结算原理和 SWIFT 是有一定相似之处的。

作为一个业务多线布局、部门高度复杂的系统，交易处理能力的低效可能不是银行业存在的最大痛点，却是其近年来被放大程度最高的痛点之一。毕竟银行与其他直接融资机构相比，最独特的一项功能就是可以设置资金池。尤其是随着交通和信息技术的发展，人们活动的频率越来越高，对生产和生活的效率更加看重。在这种情况下，如果钱跑得还没有信息和人快，必然会严重影响用户的体验。事实上，这也是很多人使用区块链产品的初衷。对于商业银行的分行与总行来说，很多时候他们没有其他选择：分行不可能因为转账慢就易帜为其他银行，而商业银行也不可能因为总行结算慢就迁移到其他国家，毕竟要遵守国家和企业的规定。但是，对于给予银行资金的用户来说，他们却可以跳出规则的束缚，寻找现有金融流转系统之外的网络来快速地进行价值转移。

严格地说，对于现有的金融中介也就是中心化的价值流转网络而言，它们不是不能提升自己的系统效率，但不可能随时随地不计成本地满足下游用户的需求。例如，如果清结算系统的效率为每秒处理 1000 笔业务，此时的外界需求为 3000 笔，原系统经技术改造后变成了 5000 笔，然而假设某日外界的需求变成了每秒 7000 笔，那么这种情况下又要如何解决呢？要知道随着国际贸易规模的增加，未来类似的跨国转账是只多不少的。技术效率的提升则远没有那么容易，想要快速迎头赶上，可能性很小。例如，SWIFT 网络自从 1973 年成立之后，由于一系列原因，已经 40 多年没有进行大的提升与改造了，可见想要与时俱进地进行自我改造谈何容易。

在这种情况下，其实只有一种方法能够让现有的金融清结算系统跟得上不断增加的交易量，那就是将集中于 SWIFT 这样的金融网络的清结算权进行去中心化，使其下沉到多个网络。这样才能更高效地开展相关业务，避免出现交易阻塞的情况。目前国际上已经有不少类似的项目存在，如英镑清算系统（CHAPS）、日本银行金融网络系统（BOJ-NET）以及欧元支付系统（TARGET）。但是，这些系统普遍存在以下问题。一是参与者面临一定的限制。例如，CHAPS 的使用权仅限于 14 家英国银行。二是这些支付系统很难完全做到中立。例如，被认为较中立的SWIFT网络实际上也受美国影响非常大。也就是说，业界对支付网络最理想的需求，其实是那种覆盖参与者更广且立场相对中立的系统。但是，一直以来人们都没有找到这样的选项。毕竟，进行国际协调，同各方打造出一个可行共识度较高的记账网络，并不是那么容易的。

区块链的出现，给了人们这样一种全新的选择。由于区块链网络信息的记录权和修改权被分布在多个节点中，因此，通过将转账接口与区块链网络对接，将信息记录在链上，人们就可以获得高度可信的转账记录，无需担心第三方的影响，例如，某些支付网络肆意冻结账户或拦截篡改交易。也就是说，区块链网络对于每一个意图进行转账的人都是高度可靠的，其可信度并不亚于长久以来一直依赖的SWIFT网络。

因此，现在针对清结算网络的效率问题，人们可以将清结算权力从像SWIFT这样的中心化机构下沉到区块链网络中，进而实现资金清结算环节的去中心化。就目前而言，尽管一些区块链网络的效率还不符合商用的标准，但它至少在两个方面对货币清结算网络起到了促进作用。一方面，对于像SWIFT这样的传统记账系统来说，鉴于可信金融网络的行业格局实现了去中心化，它必然会面临重大的自我提升压力，否则业务会被区块链网络这样的竞争对手抢走；另一方面，如果现有的支付体系将效率提升到了极限，很难再进一步改善，那么社会资本也会根据目前的需求缺口开发出新的区块链记账网络，进而通过市场手段达到支付清结算系统的供需平衡。

5.4.3 总结

和包括财税在内的公共管理行业一样，银行这样的金融系统是处于绝大部分实体产业的上游的。人们在做宏观经济分析时，很多时候其实就是在分析财税和银行这些对其他行业有重要影响的细分领域。因此，这些系统的风吹草动，很可能会引发难以想象的蝴蝶效应。正如电子政务在公共管理领域可以使医保、社保更可靠一样，区块链技术对于金融网络，其改善的不仅是银行领域的效率，更可能在未来带来难以想象的变化。

5.5 区块链 + 保险行业：人类与机器的交互

保险行业是金融行业的重要组成部分，也是社会保障体系的重要支柱。由于与人们的生活有着千丝万缕的联系，可以说保险行业是日常生活中人们最熟悉的垂直行业之一。一方面，人们需要通过缴纳养老、医疗、失业、工伤等社会保险来为自己的生活提供基本保障；另一方面，人们会通过购买商业保险来满足一些个性化的需求，如财产损失险、信用保证险、责任保险等财产保险，以及意外伤害险、人寿保险等人身保险，如图 5-11 所示。保险行业因覆盖面广泛，以及数字化程度较高，因此，它是继银行业之后被讨论和运用区块链最多的行业。在本节中，我们将对区块链在商业保险中的落地情况进行分析与展望，探索区块链技术对保险行业甚至整个社会究竟会产生怎样的作用和影响。

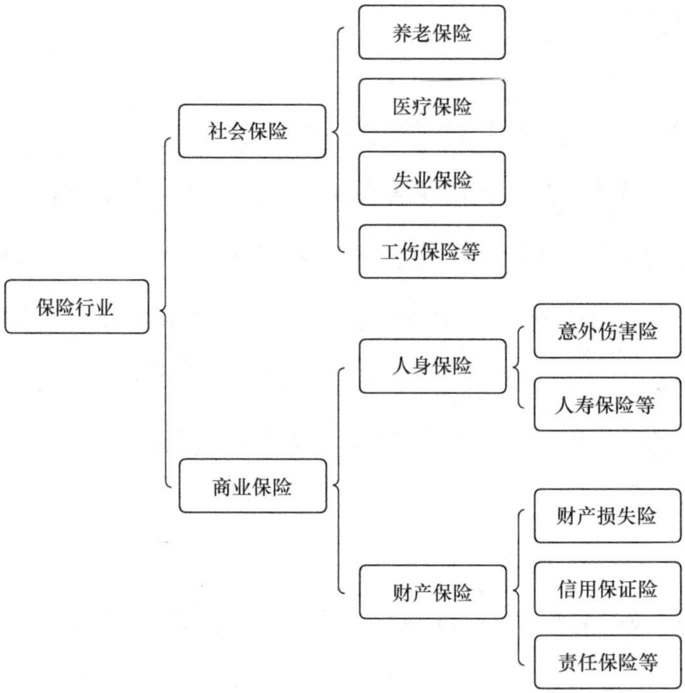

图 5-11　保险行业按照场景进行的分类

5.5.1　保险行业：当高速发展遭遇硬着陆

由于保险具有普惠性，其在很多金融体系较成熟的国家中已经成为国民用来有效对冲个人风险的金融工具。目前，全球大多数发达国家已经实现了人均 5 张保单的水平。而在我国，这个数据仅为 0.5 张，覆盖率偏低。数据显示，2017 年，我国的保险深度为 5.42%，保险密度为 2646 元。虽然与发达国家相比，这两项关键指标仍有很大差距，但市场规模增长相对迅速，全国原保费收入全年同比增长 18%，远高于 GDP 增速，对行业产生了奋起直追的激励作用。然而，我国保险行业过去几年的高增长趋势在 2018 年遭到了断崖式下跌，达到近年来的新低。2018 年 1—11 月的全国原保险保费收入为 4.5 万亿元，增长 3.97%，与 2017 年同期的增速 18.16% 相差甚远，如图 5-12 所示。其中，人身险和寿险业务的相对下滑更明显。这两项业务在 2017 年的原保费收入增长率分别为 20.04% 和 24.01%，但 2018 年 1—11 月的增长率分别变为 −0.5% 和 −5.75%。

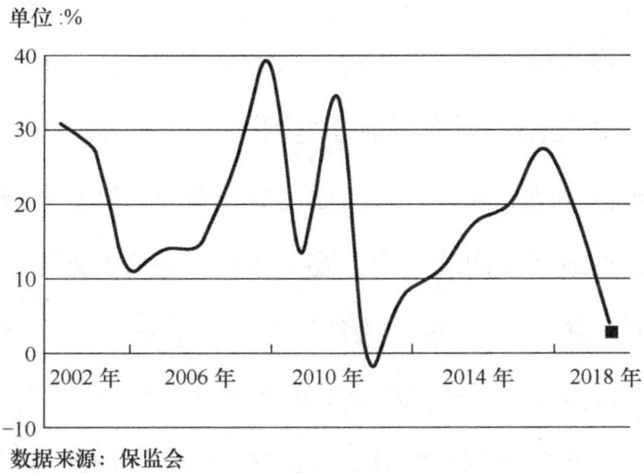

图 5-12　2002 年以来我国保险原保费收入增速情况（2018 年为前 11 个月数据）

为何我国保险行业在未达到主要经济体平均水平的情况下，便已出现增速放缓的迹象？具体地看，有两个方面的原因。

一方面，按照银保监会的说法，本次负增长是政策主动为之。也就是在险资于二级市场的活跃表现引发了社会舆论注意后，监管层发起了“保险姓保，回归保障”运动，出现了挤泡沫行为。尤其是随着保险行业监管体制改革持续推进、2018 年 4 月的银保监会合并挂牌，保险行业的监管力度进一步加大并下沉，使罚单与罚款两项数据均创历史新高，对保费的增长造成了一定的影响。

另一方面，宏观经济下行引发市场被动萎缩，其中典型的表现就是作为财险重要组成部分的车险在2018年由于汽车销量下降出现了大幅下滑。

需要指出的是随着金融行业开放的提速，未来我国保险市场将会有更多的外资巨头进入，对国内的保险公司造成进一步的挤压。从这几点因素来看，2018年我国保险市场的增速放缓固然对险企的经营造成了一定影响，但更大的挑战可能还在后面。

在整体需求增速放缓甚至由正转负的情况下，过去发展相对粗放的保险行业遭遇了一场硬着陆，便有了前面提到的一系列关键指标大幅下挫的情形。因此，对于保险行业来说，如何通过提升企业管理和科技水平来开源节流，赋能行业，便成了业内的一个重要关注点。在科技方面，此前只在销售渠道流行的保险科技开始逐渐渗透到保险行业的各个产业链中，如产品创新、风险定价、场景开拓、核保理赔等多个环节。

保险行业的运行原理不难理解，只是产业链相对比较独特。大多数行业的上游与下游分属于不同的利益主体，而保险行业则是同一个利益主体，准确地讲是处于不同时间阶段的同一个利益主体——它的最大收入来自保险用户，而最大支出也是来自保险用户，或者说是那些在特定场景下需要保险公司支付保费的用户。这部分业务被称为承保业务。从各国保险行业的发展情况来看，大多数企业仅凭这部分业务通常很难盈利，甚至还会亏损经营。在这种情况下，保险公司通常会利用用户的保费进行投资，这部分业务被称为投资业务，也是保险公司最重要的利润来源。

尽管保险行业的原理相对比较简单，但在实际操作中会产生比较多的难点。对于保险公司来说，由于其出售的风险对冲产品不是现实中看得见、摸得着的固定资产，可以被轻易地评估与定价，因此那些在绝大部分行业中不应该过于纠结的问题，例如，出售什么样的产品、产品如何定价，以及在产品的开发与运行中又需要付出多少成本，在保险行业中都成了焦点与痛点。

保险行业产业链如图 5-13 所示。

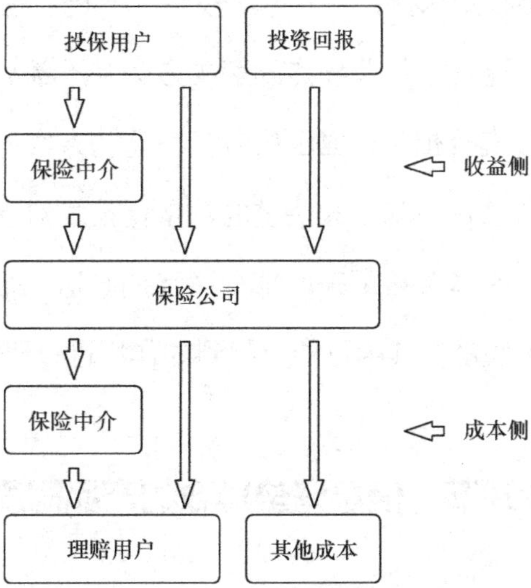

图 5-13　保险行业产业链

总体而言，保险公司与用户进行交流的大致过程如下：保险公司通过直销或代理商向消费者推荐相应的产品；在买卖双方达成一致后，保险公司或代理商将会获得消费者的保费资金。随后，保险公司将这笔钱作为资产进行管理，以保值增值。当用户侧触发赔付条件时，抽调现金储备对其进行赔付。在这个过程中，目前可能影响保险覆盖率的地方有以下几处：

（1）产品设计存在缺陷，导致从理论上公司就很难获得较高的利润；

（2）在销售环节，中介的存在可能会加剧信息的不对称，同时使资金流动停滞，导致回款周期变长；

（3）在进行赔付的过程中，对用户的赔付金额不能做出比较准确的评估，或导致公司蒙受损失，或导致用户产生不满；

（4）在进行赔付时，由于一系列原因，企业的流动成本（含经济成本和时间成本）过高，一方面在成本端加重了企业的负担，另一方面在收益端也导致用户不能及时地收到保费，用户体验较差，不利于用户数量的增长。

严格地讲，虽然这几个行业痛点的解决方案并不都与区块链技术所指向的“压缩信任成本”直接相关，但区块链却在这些方案的底层基础中占据了重要的一席之地。或者说，基于区块链的数字化技术对于解决保险行业的痛点有着重要的作用。在本节接下来的部分，我们对这几个环节的场景做出进一步的剖析，并对区块链在其中可能会起到的作用进行研究与展望。

5.5.2 产品设计环节：信息壁垒导致的产品同质化

所谓保险产品的设计，是指对保险公司出售的风险对冲产品的使用场景、价格以及要付出的成本进行分析与测算。由于风险对冲产品相对来说比较抽象，产品的各项指标在很大程度上并没有一定之规，因此从理论上讲，保险公司的各类产品应该会呈现出比较多元化的感觉，设计思路因设计师的不同而不同。

然而，现实中行业的实际情况是本应各具特色的保险产品却出现了相当严重的同质化，抄袭复制现象屡见不鲜，可替代性较强，在技术上几乎没有竞争能力可言。虽然目前业内有近 180 家保险公司，但绝大部分产品几乎没有明显的区别，保险行业堪称经济社会产品同质化最严重的行业之一。这样一来，保险公司及其中介代理便只能通过营销进行发力。因此，我们在现实中会看到很多保险销售员因营销用力过猛而导致的各种事件。

为何保险行业的产品同质化如此严重？其中原因颇多。从主观上讲，很多保险公司不愿意投入大量资金对产品进行创新与迭代，只追求短期利润，而忽视了长期效应。从客观上讲，部分保险公司的精算能力不强，难以设计出较好的产品模型。除此之外，保险产品的设计还有一个公认的痛点，那就是产品的设计者缺乏相关的数据积累，导致巧妇难为无米之炊，最终只能从友商那里“借鉴”。

众所周知，目前经济社会的数字化程度与以前相比已经大大提高，但行为数据总体来说还比较匮乏，其数量与精度都难以满足保险产品设计的需要。即使在特定的垂直领域有满足条件的数据，但这些数据很多也是掌握在特定的公司手中，很难被保险公司的产品设计师利用。在这种情况下，保险公司在设计产品时就会相互参考。尤其刚刚入行、积累较少的小公司“借鉴”资源相对丰富的大公司，也是一种比较正常的现象。

然而，问题在于虽然部分保险公司在行业内推出产品的时机比较早，但并不代表他们的产品就是更前沿与更科学的。简单地说，各公司在互相“借鉴”产品时，他们可能借鉴了比较合理的模型，但也可能借鉴了设计不够合理的模型。前者还好说，如果是后者，则有可能使公司蒙受一定的损失。对于很多尚未积累起足够资本与声望的新险企来说，如果损失达到一定程度，是否有足够的承受能力还是一个未知数。

在这种情况下，打通目前各机构存在的“数据孤岛”现象，让保险产品的设计师能够获得用户的行为数据，对于保险产品的设计来说就显得极为重要。具体方法是利用区块链存储用户数据，使用户数据独立于承保人而存在，数据也能够通过用户的公共密钥让第三方获得。如此一来，这些完善的行为记录便可以用来帮助强化风险测评、核保核赔等工作。

但是，从目前的情况来看，虽然区块链（尤其是公有链）是加密技术的结晶产品，但它本身却不具备保密信息的功能。在公有链中，数据上链的方式主要是以资产交易备注信息的方式存在。而资产交易的信息又是公开透明的，因此，作为关键信息的交易备注，其内容也是对外开放的。也就是说，公有链上的信息其实并没有隐私性可言，至多是很难让别人将这些公开的信息对应到现实中的个体而已。由此来看，这种通过掌握个人数据信息密钥、进而实现大数据安全共享的应用，在目前的状况下由于技术的掣肘还很难实现，可能需要联盟链进一步发展之后，再配合其他加密技术使用，才有落地的可能，如图 5-14 所示。

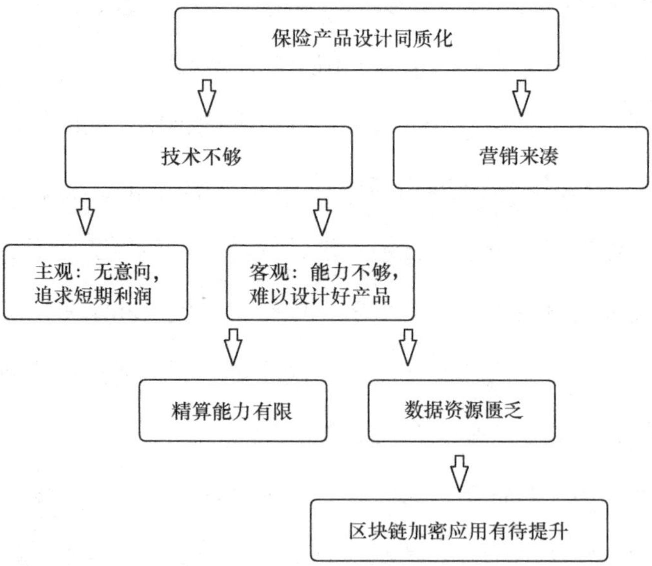

图 5-14　保险产品设计同质化的痛点与解决方案

5.5.3　产品销售环节：信息流和资金流的双重停滞

正如上文中所提到的，由于目前保险产品的同质化现象比较严重，而且短期内也很难通过基于加密技术的“大数据共享”来实现差异化，因此对于保险公司来说，通过营销手段尽可能多地销售产品，就变成了增加利润的一个重要手段。一般来说，目前保险公司销售产品有两种方式，一种是产销一体，另一种是产销分离。

顾名思义，所谓产销一体，是指保险公司自己组建营销团队进行直销；产销分离是指保险公司把销售业务外包给专业的中介代理机构，自己则专注于产品开发、费率厘定、风险管理等环节。与产销一体相比，产销分离通过分工协作，不仅实现了保险经营的专业化和职业化，有助于获得更多的客户，而且能在一定程度上降低企业的运营成本，提高企业的利润。在一些发达国家，像保险经纪人这样的利益主体早已取代保险公司本身，成了保险销售的主要渠道。目前，我国也出现了一些类似的情形，如支付宝、京东等平台及电商巨头近年来纷纷开始联合保险公司开起“保险超市”。但总体来看，目前产销分离模式在我国保险营销市场并不是主流。这种情况的出现主要归因于存在以下两个风险，如表 5-1 所示。

表 5-1　保险产品销售过程中的两个风险

	道德风险	资金风险
行业痛点	中介可能会利用信息不对称，向用户夸大产品效果，向险企隐瞒用户风险	资金沉淀在中介处，不能第一时间返还至保险公司
解决方案	将产品和用户信息上链，避免信息精度失真	将清算过程设置为智能合约，在特定时间自动结算
面临挑战	互联网巨头的信誉较高，对区块链产品有一定影响	

第一，对于保险公司和投保人来说，保险中介市场尚不成熟，存在一定的道德风险。统计显示，截至2013年底，我国保险专业中介机构数量达到2500多家，整体力量还很薄弱，拥有的资产规模、所占的市场份额相对比较有限，市场经营秩序并不规范。尤其是因为保险中介和保险公司双方合作关系不够稳定，缺乏长期规划。因此，部分保险中介往往只关注眼前的利润，为了贪图保单数量而利用信息不对称的情况双向牟利。例如，对投保人夸大保险产品的实效，或对保险公司隐瞒投保人的潜在风险，结果时常导致投保人与保险公司都难以获得自己预期的效益，因而在背离了产销分离初衷的同时，也降低了保险买卖两端对中介的信任程度，使保险营销体制改革陷入困境。

第二，对于保险公司来说，保险中介的存在在一定程度上阻碍了客户资金的流动，带来了一定的成本。虽然通过第三方中介机构销售保险是保险行业的重要销售渠道，尤其是目前已经出现了一批比较成熟且专业的经纪公司，可以为保险公司带来更多的订单，但其代理的服务成本也相对较高，有时甚至可能比公司自行组建营销团队都要贵。同时，因为双方的合作很多时候缺乏具体过程的详细操作规则，规范程度不高，使工作渠道费用无法及时结算，进而导致保险公司资金紧张，引发双方的利益矛盾。

可以说，如果能够解决上面两个问题，保险中介乃至整个保险销售环节的痛点就解决了一大半。从区块链的技术特点来看，解决这两个痛点并非难题，具体方案如下。

首先来看第一个行业痛点，它主要涉及信息不对称的问题。区块链的作用恰恰是经过多环节的传递而不产生信息的精度损失，因此可以在确保信息安全的情况下，通过数据上链来解决中介信息传递失真的问题。只是这个原理虽然比较容易解释，但具体地贯彻落实相对来说比较困难。例如，投保者具体信息的上链，这项工作的主动权并不掌握在保险公司手中，而是民政乃至公安等居民信息管理部门。他们是否愿意把投保者信息公布出来尚且未知，至于信息上链这项庞大的工程就更是遥远了。

其次来看第二个行业痛点，它所指向的是资金流动不畅的问题。一般来说，B 端机构的资金流动往往会因为两种因素而出现迟滞。在主观方面，机构进行转账的时间可能并不及时；在客观方面，对公账户之间在银行的转账清算也需要一定的时间。保险中介与保险公司之间的资金停滞主要在于主观方面。因此，保险中介与保险公司可以在约定好自己的清算时间后，据此设置一个基于区块链的智能合约，使双方都能够充分利用沉淀资金，同时又不影响合作伙伴的正常经营。

根据以上两点分析不难发现，在保险产品的销售环节，尽管区块链技术不能面面俱到，但仍然能够解决相当一部分的行业痛点。我们也要注意到，作为区块链的主要竞争对手，目前很多公信力较高的互联网巨头已经开始进军保险行业。虽然从从业经历来看，这些互联网巨头未必强于行业内原来的机构，但是与原有的小机构相比，这些互联网巨头背负着较高的声誉成本。简而言之，就是一旦这些品牌中介出现丑闻，相关的负面影响很可能会波及母公司，对整个集团造成比较大的影响。所以，我们有理由认为，进入保险行业的互联网巨头会比原有的利益主体在做事时更规范。严格地说，这些中心化公司的可信能力不如去中心化的区块链，但对于大部分投保用户而言，相比陌生的区块链技术，他们还是更愿意相信比较熟悉的科技大公司，更何况中心化机构的效率也会比去中心化机构更高。

从这点来看，如果说区块链能够为保险中介机构加分，更多也是在双方拥有同等公信力水平的基础上。例如，对于阿里巴巴和腾讯来说，如果其中一家在保险中介业务中采用了区块链技术，那么无疑要比另一家拥有更强的竞争优势。但如果是阿里巴巴和一家不知名的小公司，那么即使小公司采用了区块链技术，恐怕也难以和阿里巴巴这样的大企业竞争。也就是说，虽然区块链技术可以为保险行业带来一定的正面影响，但在这个行业现有的商业环境下，它所起到的作用更多是锦上添花，而非雪中送炭。

5.5.4 产品赔付环节：保险行业的最大痛点

理赔是目前保险行业存在的最大痛点，也是保险覆盖率偏低的主要原因之一。2016 年《大众理财顾问》杂志开展的调查活动显示，有 49.3% 的消费者认为，“购买容易理赔难”是自己在购买保险产品过程中最担心的事情。投保人由于觉得自己购买的保险很难通过理赔来覆盖此前所投入的成本，因此很多人对保险产品都敬而远之。虽然保险公司在短期内通过压低赔付率可以削减支出，但从长远来看，这种“理赔不利索”的行为也使他们失去了不少潜在的投保客户，最终呈现出双输的局面。可以说，如果想解决保险行业覆盖率不高、人均保单较低的情况，改善保险产品的赔付环节是无论如何也绕不过去的一个门槛。具体地看，保险行业的理赔痛点主要体现在以下几个方面。

第一，骗保行为的存在使保险公司可能会有一些无必要的支出。

由于保险索赔文件在从被保险人转到保险公司的过程中经常会涉及较多的部门，并导致部分可靠信息的缺失，因此有可能为骗保及其他行为留下可乘之机。麦肯锡有报告显示，在所有索赔事件中，有 5% ~ 10% 是欺诈事件，而且这种情况在索赔过程中正变得越来越普遍。

第二，理赔过程的调查成本过高。

随着骗保行为日渐频繁，很多保险公司对投保人的不信任感也逐渐加深。可以说，双方先入为主地存在较高的信任成本。为了避免在保费支出上花冤枉钱，保险公司在发放保费前都要花费较高的时间和人力成本进行调查，其手续比较烦琐，涉及部门众多，调查取证时间长，在给用户带来了不便的同时也延长了保费的发放周期。

第三，理赔工作的处理流程复杂。

目前，保险公司理赔的处理通常是由多个部门各自独立负责，且采用手工操作，彼此之间的数据流量很大，在进行赔付的过程中需要对复杂的多个条目进行核对，如图 5-15 所示。这种比较传统的操作模式往往会耗费保险公司较高的时间与人力成本，在导致索赔进程缓慢又复杂的同时也容易带来大量的主观决策失误。例如，对某些特殊保险标的物（如宝石、古董等艺术品）的价值评估不够准确，让投保人拿到保费非但不够及时，而且数量较少，投保人在极端的情况下甚至可能根本拿不到保费。

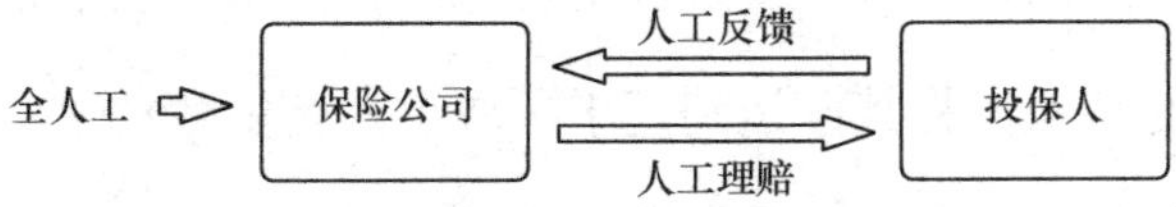

图 5-15　目前理赔的主要模式：全人工

我们从以上分析中不难发现，目前保险公司理赔流程过长以及保费发放不准确，很大一个原因是来自人与人交互的固有缺陷。只要理赔过程的调查、保费金额的评估以及保费最终的流转等一系列工作都是由人工来完成，那就不可避免地会存在以上问题。只有把这些“人人交互”的过程升级为更高效和准确的“人机交互”，甚至“机机交互”，才可能有效削减在理赔过程中产生的一系列无谓成本。如果想要实现这一点，就必须让相应的计算机程序在基于区块链营造的可信环境中运行。具体地说，区块链可以在赔付环节的以下三个场景中起到作用。

第一，对于骗保行为，通过建立跨行业、跨地域的区块链联盟，如进行医院、交通管理、公安等公信部门的区块链合作，以及数据与资料共享，快速掌握投保人的关键信息，进而提高验证骗保的效率。

第二，对于理赔调查成本过高的问题，可以通过上述区块链联盟以及将区块链技术与物联网相结合，进而在投保人触发索赔条件时就可以自动将投保人的相关信息传递到保险公司，在相关公信部门与物联网信息的验证下，确定投保人确实符合索赔的相关条件，从而免去保险公司进行调查的诸多成本。

第三，对于理赔工作处理流程复杂的问题，目前保险公司在进行保险赔付时需要经过一套规定的理赔流程。在以往的赔付过程中，这套流程因为缺乏灵活性而饱受投保人诟病。在区块链切入后，保险公司恰恰可以利用这套流程并不灵活的特点，将其搬运到基于区块链的智能合约上，自动完成一系列工作，如通知各保险方、处理保费和支付佣金等，从而有效削减索赔过程中的一系列成本。

从理论上讲，在上述一系列改造完成后，保险公司与投保人之间可以由反馈周期长且双方体验较差的传统的“人人交互”，提升为反馈周期短且双方体验良好的“人机半自动交互”。例如，在健康险中，被保险人将自己的体检报告、病例、医院缴费收据等各种材料的照片或文件提交到保险公司提供的线上渠道，保险公司通过 AI 识别等技术进行鉴别验证后自动释放赔付款，这便是一个典型的“人机交互”场景，其效率比传统的“人人交互”有了大幅的提高。在某些特定的场景下，保险公司与投保人之间甚至可以基于区块链实现全自动的“机机交互”，如图 5-16 所示。例如，在车险的场景中，如果参保的汽车发生了事故，相关的设备能够自动检测和记录汽车运行的数据，并向保险公司提交，保险公司则根据损坏的程度进行自动理赔付款，全程无需人工干预，从而将保险公司的赔付成本和投保人的理赔成本降到极低的水平。

然而，从实际情况看来，这种顺畅的赔付体验实现起来并不容易。一方面，保险公司需要将自己原有的工作流程都设置为智能合约，实现数字化后搬运到区块链上，才能实现保险赔付业务的“人机交互”。对于大型的保险公司来说，这可能是一项比较繁重的改造升级任务。另一方面，只有当现实社会的诸多行业都实现数字化并采用区块链技术之后，投保人才能和保险公司的区块链成功对接，最终实现相关业务的“机机交互”。我们不难推断，对于保险公司来说，实现“人机交互”的理赔过程很难，可能需要对内部进行大规模的改造；而实现“机机交互”的理赔过程更难，因为外部行业改造的主动权不在保险公司自己手里。如果上述场景成功实现，那么对于整个保险行业乃至整个经济社会来说，都是对效率的极大提升。

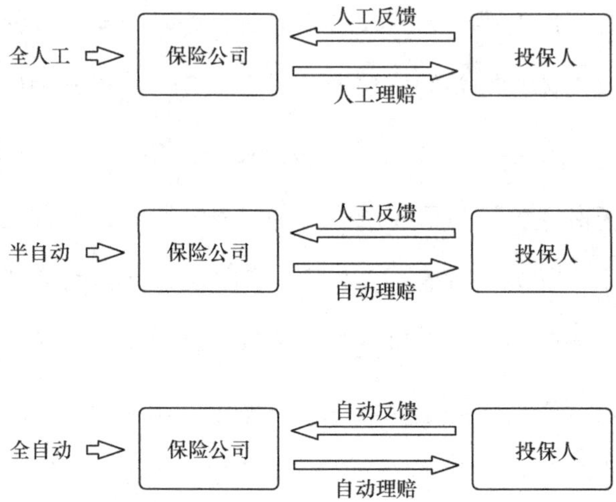

图 5-16　未来理赔的理想模式：从全人工变成半自动甚至全自动

5.5.5　总结

保险行业在与区块链技术结合的过程中面临的掣肘因素比较多。例如，在产品设计环节，它需要利用区块链的加密技术对数据进行加密；在产品销售环节，又面临着中心化大公司的竞争。这两点都是区块链技术有待解决的问题。因此，在保险行业中，区块链首先应该是在利用智能合约技术的理赔环节落地，目前世界上诸多保险公司的区块链试点项目也印证了这种观点。在理赔环节中，“自动赔付”业务将会较早落地。尽管这个过程很难在短期内一蹴而就，但一旦落地将会对整个保险行业乃至整个社会福利体系带来非常明显的正面效应。

5.6 区块链 + 教育行业：值得注意的第二类信任

本节介绍的是一个不成功的区块链技术行业应用案例，就是“区块链 + 教育”。之所以讲述这个案例，主要是因为很多时候失败比成功更有参考意义。成功的经验往往难以复制，但失败的教训却通常可以借鉴。区块链与教育结合给我们留下的启示则是在很多从业者的视线之外，以及区块链技术无法解决的第二类信任危机。

5.6.1 教育行业：知识焦虑引发学习浪潮

教育行业称得上是近年来去中心化程度位居前列的细分行业之一。由于去中心化的本质实际上是原本集中在中心化机构的权力出现了下沉，因此所谓教育行业的去中心化也是指原本集中在公立教育机构的教育权下沉到了多个民办教育机构当中。出现这种情况的原因，归根结底是现有的公立教育机构已经无法满足人们对相关信息与技能的渴求。

在需求侧，随着社会竞争的加剧，人们的知识焦虑感迅速增强，具体表现在以下几个方面。

（1）在时间维度上，对学习和教育的渴望从过去只专注以 K12[①] 为主的青少年阶段，大幅扩张到各个年龄层，也就是所谓的终身学习。

（2）在场景维度上，移动互联网技术的发展，使教育的场景从过去被

① K12，是“kindergarten through twelfth grade”（幼儿园至第十二年级）的缩写，目前普遍被用来指代基础教育。

局限的线下教室，延伸到了可以使用电子设备的几乎任何场所。

（3）在课程门类上，教育的标的也从过去的传统文化课扩张到了文、体、艺，甚至一些前所未闻的创新课程上，如职场课、礼仪课、美妆课等。

这些维度的延伸与发展，使当下的教育市场变得空前庞大。然而，与之相对的是在供给侧，面对社会对各类教育产品的庞大需求，原有的中心化公立教育机构却由于资源有限，无论是在覆盖年龄、学习时间，还是在课程门类上，均已经无法满足人们的需求。

在这种情况下，教育权的下沉几乎是一个不可避免的趋势。虽然近年来其他信息咨询行业（包括医疗与法律）也出现了一些去中心化的情况，但与这些知识体系已经相对成熟固化的垂直领域相比，教育行业的课程更新迭代速度更快，幅度也更大，导致传统的中心化教育机构几乎无法跟上这一节奏。因此，教育权的下沉可以说是既深且广。

当前的教育行业已经成为一个空前庞大且复杂的领域。在时间维度上，它涉及幼教、K12、成人教育、国际教育等多个分支；在场景选择上，它包括线下课、线上课，甚至某种程度上的O2O；在课程门类上，它可以涉及文化课、艺术课、体育课以及其他知识。这些细分领域彼此之间的差别极大，由于篇幅所限，笔者在本节中只对一些共性的问题进行阐述。

5.6.2 教育行业核心痛点：课程效果难自证

我们从上述分析与描述不难看出，在对知识与技能的渴求方面，目前人们的热情达到了一个前所未有的高度。然而，这份热情背后的另一个尴尬现实是绝大多数人其实不愿意为相关的教学产品投入过多的金钱。有调查显示，相当一部分用户在购买线上课程时对价位的心理预期多在 100 ~ 200 元。之所以出现这种情况，很重要的一点是用户难以确保自己能从市场上的各种课程中获得足够的“利润”。通俗地说，他们不确定自己在这些课程中所获得的收益能否覆盖所付出的成本。出现这种情况的根本原因在于教育行业的特性决定了它的主要产品，也就是相关的知识、技能和证书，其收益和效果体现出来的周期通常都比较长，因此，投资者很难在中短期内对这笔投资是否物有所值，以及应不应该追加资金等问题做出稳妥的判断。

举个例子。某些职业学校经常会承诺学员毕业后将找到什么样的工作、月薪达到什么水平，等等。但问题在于，这些学校的学员毕业并入职往往是入校两三年之后的事情，在这期间，社会产业结构出现什么样的变化、预期的岗位能否获得理想的收入、相关的证书能否得到外界的认可等问题都是未知的。即使最好的行业分析师也难以给出确定的答案，进而给人带来颇多不确定性。除此之外，还有一些教育机构提供的产品不仅反馈周期较长，而且效果与收益也极难量化。例如，某些针对幼儿的创客教育对外宣称其主要目的是培养孩子的逻辑思维和审美水平。然而，什么是好的逻辑思维和审美能力呢？目前从业界到用户都没有一个可以进行清晰效果认定的标准。可以说，这是在原有的不确定性上又增加了一层不确定性，如图 5-17 所示。

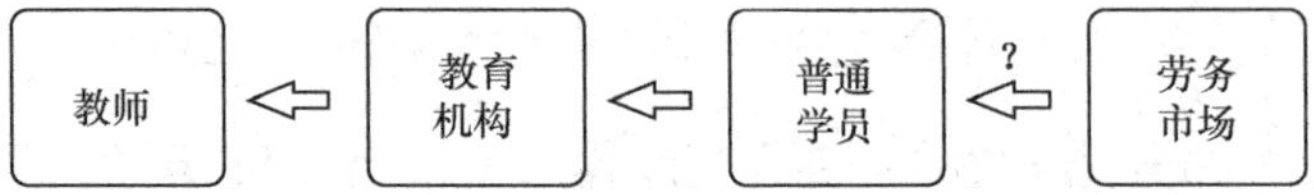

图 5-17　教育行业投资回报的不确定性

教育行业的最大痛点之一是在新品牌层出不穷的情况下，投资者给教育机构的投入是明确的，但从劳务市场上获得的回报却是不确定的。一方面是确定的课程投入，而另一方面是高度不确定的回报预期，两者经过对比，目前高呼“求知似渴终身学习”“不要让孩子输在起跑线上”的消费者的犹豫态度也就不难理解了。如果想解决这个行业痛点，核心方法也非常简单。在收益侧，提高消费者对相关课程效果的预期，促使其对教学产品的收益产生信任。这个行业痛点似乎和区块链技术“解决信任危机”的目标不谋而合，然而其中的关键在于教育行业中的信任危机与区块链行业从业者经常提起的信任危机完全是两码事。一般来说，当多个利益主体之间产生信任危机时，往往表现出以下两种情况：一是利益主体之间对“对方是否做了某件事情”互不信任，这种情况可以通过信息实时上链、解决信息不对称问题，在利益主体之间创造信任；二是利益主体之间对“对方在某件事情上做得怎么样”互不信任，这种情况就很难用区块链技术来解决了，因为各方的评判标准是不一样的。例如，在教育行业中，对于同样的信息和同样的课程，校方可能觉得效果很好，而学员可能会觉得效果很差。即使把相关的信息上链，对于在各方之间创造信任也是没有太大帮助的。

在这种情况下，区块链技术本身并没有办法直接帮助教育机构与学员之间构建起信任的桥梁，因为两者之间的信任危机原本就不是一类，如表 5-2

所示。尽管有观点认为，可以将用户对课程的反馈信息上链，为用户选择是否要信任教育机构提供可靠依据，但是问题在于区块链可以保证正常用户的相关评论无法被篡改或删除，同时也会使一些“水军”刷帖或恶意评论无法删除。从这一点来看，教育机构如果想获得用户的信任，除了打磨自己的产品并等待时间来证明之外，没有其他好办法。因为教育产品本身是一个“非标准化产品”，而“非标准化产品”的好坏是很难简单地用区块链来证明与评判的。

表 5-2　教育行业的信任危机和区块链从业者所谈的信任危机的不同之处

	第一类信任危机	第二类信任危机
痛点	是否做过某件事	某件事做得怎么样
解决方案	痛点在于信息不对称，可以用信息上链来解决	痛点在于各主体之间评判标准不同，难以用区块链技术来解决
适用范围	标准型产品 / 服务	非标准型产品 / 服务

5.6.3　逃离恶性循环：未能发力的区块链技术

优质课程研发的关键往往又来自于强大的师资，而师资质量的保证是要有雄厚的资金来支撑的。有培训机构财报显示，2013—2015 年，人工成本在教育机构课时价格中占到了约 50% 的比例，堪称教育行业最大的一项支出。如果无法提供有竞争力的薪酬，在当前教育机构较多的情况下，教师很有可能流失到其他企业或者行业。即使留在原岗位，在收入水平难以保证的情况下，教师也很难有动力去研发有质量的课程，进而形成恶性循环：教育机构收入不足→招不到好老师→课程质量难以提升→教育机构收入不足……如图 5-18 所示。

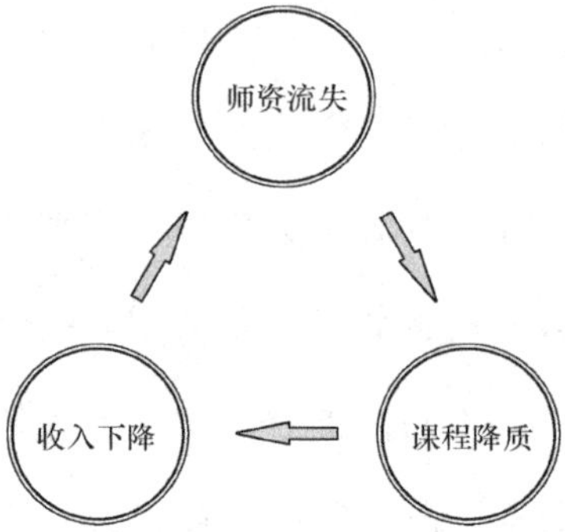

图 5-18　教育行业的恶性循环

要想打破这个恶性循环，目前主要有以下几种方法。

一是解决“招不到好老师”的问题。通过层层筛选，物色一些目前行业知名度不高但有实力的教师，如此便能够在无需付出过高成本的情况下研发制作出较精良的课程。但是，这种方式具有很大的随机性，毕竟低调有实力、开价又不高的教师不好找。因此，我们在本节中对这种方法不进行过多的阐述。

二是解决“教育机构收入不足”的问题，通过各种方法来扩充教育机构的收入。总体来看，有两种方法：一是直接销售课程，通过“多销”来实现“低价”，进而在达到用户对课程较低价位预期的同时，也能满足自身的收入需求；二是通过课程销售来间接盈利，也就是把自己打造成流量入口或可信任中介，将流量引导到其他业务（如广告等）上来实现盈利。但不管用哪一种手段，这种盈利方式都有一个硬性的要求，那就是教育机构必须把课程尽可能多地卖出去。这样才能有机会在一段时间内获得比较高的收入或流量，进而打破业内新生教育机构的恶性循环，最终获得绝地反击的可能性。而要想做到这一点，教育机构需要参考以下几个做法。

第一，扩大教育机构的辐射半径，使单个校址可以覆盖更多的用户群。

目前，相当一部分的教育机构仍然是以线下授课为主。由于地理辐射半径有限，这种方式在获取同等数量的用户时需要投资建设更多的校址，相对来说成本较高。而如果能把相关的课程扩展到线上，便可以扩大辐射的范围，增加课程被销售出去更多份的概率。不过，从目前的情况来看，线上课程并不能对线下课程形成完全替代。这倒不是因为业内流传的“线上课程的交互会比线下更少”，毕竟一些在线下难以启齿的问题，在线上时反倒会更容易因为距离感而被提出来。主要的问题其实来自两方面：一是在技术层面，包括网络条件在内的硬件限制（如音频视频的传输卡顿等），进而导致课程体验的下降；二是在制度层面，一些课后的交流很难在互联网上及时完成。

因此，就当下来说，教育机构如果想获得更多、更忠实的学员用户，需要线上和线下共同结合，也就是近年来人们常提的 O2O。要做到这一点，教育行业需要有以下两个方面的支持。在技术层面，现有的网络可能需要升级到传输条件更好的 5G，同时辅以一些配套的数字化技术，如 VR 和 AR 等，如此才能带给用户更好的线上体验。在制度层面，教育机构要搞清楚哪些信息适合在线上进行交互，而线下又需要做哪些工作作为补充（如同新零售将线下店定位为“前置仓”一样），这样才能带给用户更好的体验。在这个过程中，区块链技术可能会对 VR 和 AR 的可靠性进行增强，但没有证据证明其可以对行业进行直接的助力。

第二，减小课程的颗粒度，降低用户的投资门槛。

我们在前面曾经提到过，对教育的投资是一项收益效果不确定但投入成本高度确定的投资。事实上，对教育的投资不仅成本高度确定，而且金额不菲。例如，部分小语种课程动辄就是几千上万元人民币，对于绝大部分支出预算较低的学生族和工薪族来说，这个数字会让他们望而却步。但是，如果将产品拆分为单价几十元或上百元的单节小颗粒课程，相对来说就会好得多，总销售业绩可能也会比原有的模式更好。毕竟人们在小额消费时往往都是依靠冲动驱动，一旦金额过高，人们便会马上转入精打细算的高度理性状态。

其实，这个道理就如同一些互联网音乐流媒体平台在用户下载某首歌曲时只需用户支付本首歌曲的版权费用便可，但如果要求用户为这首歌购买整个专辑，那么愿意付款的人数必然会断崖式下跌。要做到这一点，实际上教育机构只需要在课程产品设计上做出一些改变，至于运用区块链技术则没有很高的必要性。虽然小颗粒度的课程更受用户欢迎，而基于区块链的电子积分也有着可无限分割的特性，但课程的颗粒度不宜设计得太过零碎。例如，将一节 45 分钟的课割裂成 10 个部分就是非常没有必要的。

5.6.4 总结

我们通过以上分析可以看出，目前教育行业在发展过程中和很多细分领域一样，也面临着信任危机的困扰，但被称为“可信任机器”的区块链技术并未在其中起到特别直接的作用。之所以出现这种情况，归根到底还是因为笔者在前面提到的、人们之前未注意到的一点，即信任危机也是有不同类型的。业内之前主要注意的是第一种信任危机，那就是让区块链技术通过信息上链来让各方对“做没做某件事情”达成共识。而此处提到的教育行业产生的信任危机却是第二种，那就是各方对“某件事情做得怎么样”难以达成共识。鉴于利益各方的评判标准千差万别，基于同一个信息也会得出不同的评判结论，因此区块链技术在面临这种情况时便无所适从。

毫无疑问，对于致力于将区块链技术应用到各个垂直领域的从业者来说，区块链技术在教育领域并不成功的结合无疑是一个打击。很多人似乎也不愿意接受这个现实，我们仍然在互联网上看到了一系列所谓“区块链 + 教育”的解决方案。例如，利用区块链技术防止学历造假与学术造假等。但是，这些方案总给人一种生硬之感，因为与其说这算是教育行业的最大痛点，还不如说是其下游劳务市场和科研领域的痛点，而与我们熟悉的各种教育行业机构没有太大关系。如果将其强行称为“区块链 + 教育”的解决方案，难免有牵强附会之嫌。

所以，区块链技术行业应用的研究者一定要牢记一件事，那就是在寻找落地场景时一定不要拿着锤子找钉子，否则心态就会发生从“让区块链技术赋能实体产业”变成“让实体产业给区块链技术正名”的微妙转变。归根结底，研究者需要清楚地意识到区块链技术不是万能的，它的功能固然强大，但不可能用在每一个细分行业的每一个细分场景中。从这一点来看，区块链技术与教育行业结合的失败其实不是坏事，恰恰相反，它标志着人们对区块链技术有了更加清楚的认识，为这项技术的真正落地应用提供了很好的指引。

5.7 区块链 + 医疗行业：修复医患信任的桥梁

5.7.1 医疗行业：中心化机构的信任危机

医疗行业是基础民生的重要组成部分，其重要性无须重复介绍，要厘清的是现有的行业格局与产业脉络。与教育行业相比，两者的行业格局有所不同。尽管它们在过去的几年内都呈现出服务资源供不应求的情况，但教育行业却通过权力的大幅下沉而实现了行业格局的高度去中心化，医疗行业则未能如此。由于医疗行业属于比较敏感的民生健康领域，而且医学发展总体较为缓慢，因此除了一些像医美这样的新兴行业或颇有实力的财团巨头承接了部分下沉的行医权之外，相当一部分的医疗资源仍然掌握在公立医院手中，由相关部门进行信任背书，去中心化程度比较有限。

然而，信用中介的权威并不代表绝大部分的医疗机构都会被患者信任。具体来看医疗行业的产业链，如图 5-19 所示。作为医疗机构，医院和医生直接服务于终端患者，而包括医疗设备和医药厂商在内的机构又服务于医院。由于设备和药品等供应商已经形成了一定的集中度和品牌效应，而且与终端患者距离较远，因此这个环节被曝出有重大社会影响的事件相对不多。也就是说，目前医疗行业的痛点仍然存在于产业链下游的医院与患者之间，最主要的问题则是众所周知的医患矛盾。

由于有关部门对医疗机构进行信用背书的覆盖面过大，因此难免出现疏漏。近年来，某些权威三甲医院被曝出将关键的临床部门违规外包给私人机构而导致患者的生命财产遭受重大损失的事件，更是严重损害了医患关系。尽管后来部分媒体借助社会纪录片等手段对医患关系进行了一些修复，但严格地说，通过舆论导向维持医患之间的信任关系并非长久之计，毕竟诱发医患矛盾的因素时刻存在，而宣传作品却不能持续推出。医患之间长久且坚实的信任，归根结底还是应该建立在可靠的医疗体验的基础上，这个体验有相当一部分来自包括区块链在内的数字技术。例如，近年来不少医院推广的微信远程挂号以及分布式挂号机中的自动挂号、取号、付款等线上功能，大大地提高了患者的医疗体验。接下来，笔者主要介绍包括区块链在内的数字技术将会对提升患者体验产生哪些作用。

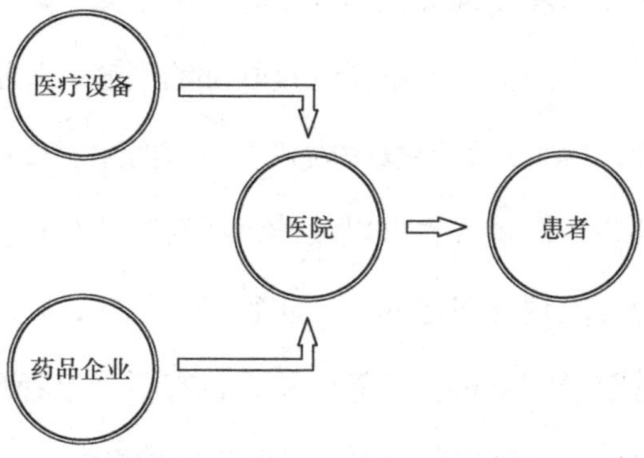

图 5-19　医疗行业产业链示意图

5.7.2　有限的效果：医患之间的信任

对于患者来说，目前面临的困境其实是看病的性价比太低。根据国家卫生健康委员会财务司的数据，在我国的 3000 万贫困人口中，有 40% 是因病致贫或因病返贫的。当代看病的成本之高，由此可见一斑。但即使如此，很多病的治疗效果仍然不好。医学倡导的“偶尔是治愈，常常去帮助，总是去安慰”的情况，到了当代依然没有特别明显的改观。之所以出现这种情况，除了医保覆盖范围有限以及医学技术发展低于预期等不可控因素之外，还有一个重要的原因就是很多医疗资源没能和最有需求的患者完成对接。

众所周知，医患之间的对接往往都是由患者主动发起。然而，问题是有相当一部分人在身体感到不舒服时，不知道该去哪个医院、哪个科室以及找哪个大夫最合适。其原因就是信息不对称。与绝大多数人都当过学生、对教育系统比较熟悉不同，相当一部分人此前没有求医住院的经历，对医院系统内部的情况不了解，因此有时很难根据自己的病情精准地对接到相应的科室。例如，很多人在出现复视等视力问题时，第一反应都是去眼科。殊不知导致这种临床表现的原因很可能不仅仅是眼部的问题，其根源可能在脑部、胸腺甚至自身免疫系统，最终导致因为找错科室而贻误最佳治疗时机。而即使找到了正确的科室，很多人也难以准确判断对方的医技，决定自己是否应该信任对方，进而合理规划自己的下一步行动，例如，是听从对方的治疗建议，还是去其他医院继续咨询，等等。总之，有不少患者在求医期间没能成功地对接到合适的医院、科室和大夫，导致治疗效果欠佳。

在这种情况下，患者只有一种途径消除自己信息不对称的劣势，那就是通过寻找可信任的中介来对接自己认为更值得信任的医生。其中，“可信任的中介”包括“三甲公立”这种医院的指标，也包括“专家主任”这种医生的职称级别。于是，我们便看到了当下一线城市三甲医院专家号的抢购盛况。

但是，问题在于被相当一部分患者视为救命稻草的医院与医生级别，很多时候往往不能反映对方真正的诊疗水平。以衡量医院水平的“三甲”为例，在其评选的过程中，有相当一部分参考指标都是硬件设备，如床位数量、房屋面积、医疗设备等，而医生的水平只占其中一部分。因此，“三甲”这个级别未必能够说明医院一定具有很高的诊疗水平。

至于用来衡量医生水平的职称级别，也具有一定的局限性。现在很多患者在挂号时特别喜欢挑行政级别高的医生，有专家号就不挑主任号，有主任号就不挑副主任号。殊不知，有时职称级别与临床水平之间的关系并没有人们想象的那样密切。例如，目前在主任医师的评定体系中，研究能力、论文发表数量、英语及计算机水平都是重要的参考指标，而最被患者看重的临床能力只是其中的一部分。事实上，有些医生的临床能力很强，但因为一些其他指标未能达到要求，便只能在副主任医师的层级上停滞不前。所以，在临床医术方面，有时职称级别并不是一个特别精准的衡量指标。

可以说，对于相当一部分患者而言，在对医学知识了解不够且现有的中介指标也不够精准的情况下，他们很难准确知晓自己应该对医生报以多大的信任，如图 5-20 所示。在这种情况下，目前值得考虑的一个解决方案是为患者提供更精准的可信任中介，进而使他们能够更快地找到更适合自己病情的医生。从理论上讲，像区块链这样的数字技术就可以解决这一点。而解决方案则是将诊疗成绩的数据上链，类似于体育行业中对球队与球员的评判一样，通过对其成绩进行记录，一目了然地看到相关机构以及个人的能力水平。当然，体育比赛由于受到万众瞩目，结果在比赛结束的那一瞬间已经“分布式存储”在观众们的脑海中。而医学诊疗由于隐私性等一些因素的制约，只有将结果实时记录在去中心化的区块链上，才能确保信息的可靠性不被医疗机构等利益相关方篡改。

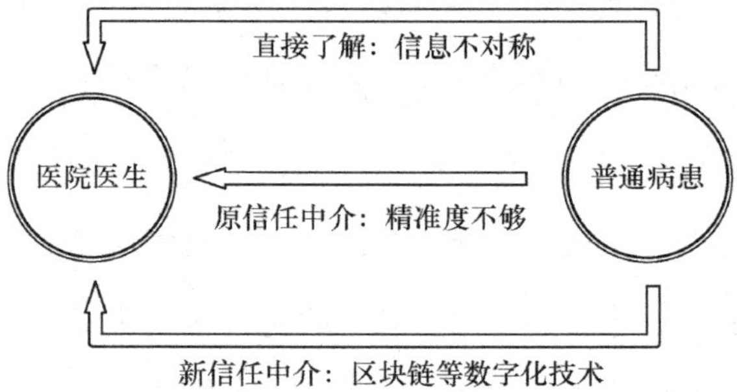

图 5-20　患者和医生的对接方式及其问题

然而，与体育比赛在终场哨响之际就能判断胜败不同，在医学中怎样才算“治愈”，是一件颇难干脆利落地进行定义的事情。如果医生专注的领域主要是一些急性炎症，那还可以在很短的时间内判断是否治愈。但如果相当一部分患者是受困于长期病和慢性病，那又如何界定甚至量化治疗效果呢？例如，在数据指标的选取上，很多疾病并没有良好的治疗效果指标，有相当一部分只能用“预后良好 / 较差”来形容。而在数据的收集上，很多时候患者不会主动向院方反馈自己诊疗后的情况，例如，肿瘤治疗过程中的“5 年生存率”“10 年生存率”等指标，院方不可能从患者那里自动得到，同时也很难主动询问相关的情况。这也是这类数据的获取通常都是行业层面的，而很难具体到每一家医院甚至医生层面的主要原因。此类信息的缺位决定了医疗行业很难像体育行业中的“胜负场数、得分情况”一样，通过简单的数据来判断诊疗是成功还是失败，进而判断医院与医生的诊疗水平。

在医疗行业难以提供可信量化指标的情况下，目前对医院诊疗水平的另一种量化点评往往来自患者。毕竟，诊疗的作用就是要让患者满意地走出医院。但是，问题在于来自患者的评分不仅在数量上有样本残缺，在质量上恐怕也很难做到客观。由于患者没有评判医院与医生诊疗水平的义务，因此并非每个人都会在诊后去线上平台进行评价和打分，这就注定了相关的调查样本是残缺不全的。除此之外，由于部分患者及其家属的情绪会随着诊疗结果而起伏甚至大起大落，因此有时不能以足够理智的状态对医方进行评价，这使一些评分的客观程度也存疑。

从以上分析中，我们可以得出以下结论。第一，与各种数据自动进行分布式存储的体育行业不同，数据记录渠道非常单一的医疗行业的相关信息是很有必要记录在区块链上以防止被篡改的。第二，在对医院与医生的评价方面，尽管与教育行业相比，医疗行业的评价标准相对更加直接，但由于现有治疗评价体系的局限性，目前医疗行业很难给出一个类似于竞技行业“胜率”的“治愈率”指标（事实上，现在网上能查到的针对癌症的所谓“治愈率”，不过是民间对“N 年生存率”的俗称）；即便有，鉴于绝大多数危及人们生命的疾病都属于慢性病，对后续的相关资料也很难进行跟踪收集。

区块链在医学诊疗评价方面的结合尝试给人们一个启示：像医疗这种游走于“标准化”和“非标准化”之间的产品与服务（或者称为“半标准化”），对它的评价是高度依赖相关的衡量体系的，如果业绩方面没有办法拿出一个共识度比较高的预后评价体系，那么它就会像教育这种“非标准化”产品一样，很难通过相关信息上链来进行公正的评价。可以预计的是在未来一段时间内，绝大部分的变化还将通过医院等级以及医生的职称级别等并不精准的可信任中介来求医问药，而由资源错配所导致的有限诊疗效果在短期内恐怕也很难得到明显的改变。那么，在成本侧，区块链技术能否帮助患者解决“看病贵”的难题呢？

5.7.3 高昂的费用：医疗系统内部的信任

在前面的内容中，笔者介绍了区块链技术在提高患者诊疗效果中可能产生的作用。从结果来看，效果并不明显。这样一来，我们就需要将目光转向成本侧，对区块链技术是否有助于减少患者承担的各种成本的问题进行研究。相关数据显示，目前医院的主要收入来源是药物。由此可推断，患者求医时的主要成本其实也是药物。在这方面，区块链技术能起到的作用其实不大。但是，这不代表其对于患者来说就完全没有作用。结合实际案例来看，患者在看病时有一部分的潜在成本是由于医疗系统内部成员信任程度不够所导致的。那么，区块链技术在削减这些信任成本的问题上有哪些可切入之处呢？对此，我们首先要对医疗系统内可能产生信任成本的环节进行梳理。具体地看，有以下几个方面。

（1）影像环节：医生之间可能产生信任成本

需要指出的是在患者与医院系统交流的过程中，信任成本不仅仅存在于医患之间。实际上，医疗系统内部也有类似的情况，进而在无形中抬高了患者就医的成本。这首先便是同一家医院内医生之间的不信任，其中出现频率较高的是临床医生与影像医生之间的能力信任危机。

众所周知，临床医生在进行诊断时往往需要相关的影像资料（如B超、CT、核磁共振等）作为诊断依据，而影像部门在提供相关资料时除了片子本身之外还会辅以阅片报告。问题在于虽然影像部门会花费大量的时间和精力在阅片上，但部分临床医生对影像科的报告却不予认可，直接跳过不看，而是自己再亲自阅一次片。尤其近年来相关政策允许医院将影像、检验、病理等非临床业务外包给私人机构后更是如此。

不难看出，临床方面对影像医生的信任危机，属于典型的第二种信任危机，就是两个不同的利益主体针对同一个信息得出了截然不同的结论，其中一方会对另一方在“做得怎样”这件事情上产生质疑。对于这种情况，数字技术给出的解决方案主要是通过人工智能阅片来避免影像科医生因为疲劳和认知导致的阅片失误，进而减少重复阅片产生的冗余成本。在这个过程中，区块链技术可能会起到打通“信息孤岛”、确保数据进行安全交互、最终提高 AI 算法精确度的作用。这个过程的核心技术在于区块链背后的加密技术，而非区块链本身，所以在此之前，人工阅片仍然是行业的主流，而从中产生的冗余成本（包括经济和时间）也将最终转嫁到患者的身上。值得注意的是，如果影像科医生和临床科医生针对一张影像得出了截然相反的结论，那么患者将会陷入比较矛盾的境地。由于影像医生具有专业优势，而临床医生又具有经验优势，纠结之下，他们最终很可能会前往其他医院就诊，由此又触发了医疗系统中的第二种信任危机，即医院与医院之间的互不信任。

（2）确诊环节：医院之间可能产生信任成本

在求医问药的过程中，转院的情况并不罕见。在病情难以确诊或进行诊疗的情况下，患者往往会选择前往其他医院进行治疗。而医院之间的信任危机也由此触发：后一家医院对前一家医院的检测以及诊断结果会有多高的认可程度往往是一个问题。对于诊疗结果，经常会出现全盘推倒重来的情况。

至于进行诊疗的依据，也就是相关的检验、化验、影像结果，后一家医院有时也很难对前一家医院给予完全的信任。毕竟在推广普及分级诊疗制度的当下，很多基层中小医院的相关设备是要全面落后于大医院的。

以影像资料为例。众所周知，在患者转院的时候，影像资料往往都是以胶片这种线下物理载体进行携带。然而，有相当一部分影像在胶片上呈现的分辨率和清晰度均不高，进行精准的阅片存在一定困难。同时，部分指标也很难在胶片上呈现，如某一局部组织的 CT 值等。而数字版的影像由于是以类似于 2D 或 3D 模型的形式存在，无论是清晰度、分辨率，还是断层的截取，都要比胶片上的影像详细得多。因此，在这种情况下，如果前一家医院能够将患者影像资料的数字文件与后一家医院进行共享，就可以减轻影像胶片的缺点给阅片带来的干扰，极大地提升后一家医院的诊疗准确度。

但是，在现行的医疗系统中，由于一系列技术因素（例如，各医院之间的信息系统接口不同）以及医院对数据隐私等自身经营的考虑，医疗数据往往是作为医院而非病人的资产而存在，医院之间不会对此类信息进行交互，因此便形成了人们非常熟悉的“信息孤岛”难题。所以在现实中，患者往往面临两种选择：一是被动一点，暂时使用在前一家医院采集的、质量一般的相关资料，但如此便可能导致诊疗结果不准确的情况；二是主动一点，也就是在后一家医院再做一次检查，重新进行一次信息采集，但这样又产生了一些不必要的经济、时间甚至健康成本——在知名大医院进行拍片这样的影像检查与数据采集，很可能要排几天、几周甚至几个月的队，包括增强 CT 在内的一些医学检查手段也会给人的身体健康带来一定的负面影响。

在这种情况下，用区块链对医学数据进行确权（这个权利可能归属于患者本人，也可能归属于医院，具体事宜有待相关政策进一步明确），同时利用加密技术在确保数据拥有者利益的情况下完成数据的安全交互是非常重要的。事实上，如果我们纵观目前市场上可以见到的“区块链 + 医疗”解决方案便会发现，有相当一部分解决方案都是针对这种医学资料数据的交互。因为这个环节对疾病的早期发现与预防，甚至人均寿命的提高具有重要意义。

我们需要明确一点，即绝大多数人都是死于慢性病。以我国为例，这个数据高达 80% 以上，部分地区甚至逼近 90%。人们在生活中可以看到，有些患者经常是等到症状十分明显、拖到实在不能再拖时才去求医检查，然后在大医院又要等待漫长的挂号周期、影像周期、手术周期，直到最终病理结果出来才发现自己的病情已经因为延迟太久而难以治疗。但如果患者能够尽早尽快地采集到自己的健康数据并察觉到相关的健康异常，很可能就会在病症较早的时期，在基层医院的普通门诊，通过服药等常规手段将疾病快速绞杀在摇篮中。所以，对于现在不堪重负的医疗系统来说，通过类似分级诊疗的这种制度，将对疾病的感知和检测权下沉到更容易挂号和拍片的基层医院是非常有必要的。毕竟医疗临床部门虽然很难去中心化，但不代表医学的所有环节都要集中在中心化机构那里，一些普通的监测操作还是可以下放到基层医院甚至包括可穿戴设备的分布式装备上的。然而，如果这种下沉的检测权没有办法和下游的临床机构完成良好的对接，也就是清晰的数字化资料无法传送到负责临床治疗的医院，那么像分级诊疗这种去中心化行动的效果也将面临一定的局限。这也是很多机构专注于区块链确权医疗数据与相关资料安全交互的原因。如果区块链能够实现基层医院与大医院的影像数据安全交互，对于提高患者诊断的准确率将会有很大好处。传统就医模式与基于区块链的新型就医模式对比如图 5-21 所示。

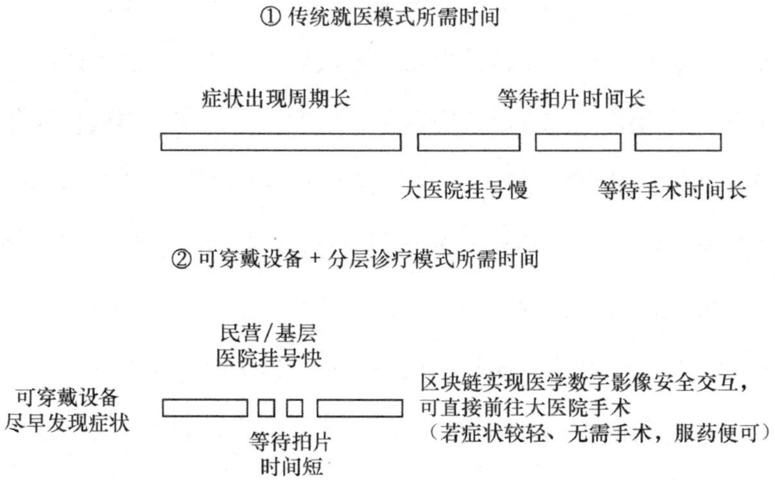

图 5-21　传统就医模式与基于区块链的新型就医模式对比

（3）治疗环节：医生与医院之间的互不信任可能抬高患者成本

抬高患者医疗成本的另一个可能因素，便是部分医生的“过度诊疗”，也就是医生给予患者的医疗超过患者疾病实际需要的诊断和治疗，给患者造成额外痛苦与经济上浪费的医疗行为。例如，小病大医、通过排除法确认病情等。出现这种情况的原因有很多，其中一个重要的原因是目前医生的收入与医院以及本部门科室的效益挂钩。而对于医院，尤其是医生来说，仅靠门诊的挂号费难以覆盖高昂的运营成本，通常只能靠“以药养医”或“以设备养医”。在这种情况下，部分医生在有意或无意之间便可能出现过度诊疗的倾向。

由于医学诊疗的模糊性，目前对“过度诊疗”没有明确界定。因此，从根本上讲，降低过度诊疗、减轻患者负担的根本方案，还是提高医生的经济待遇，将其诊疗行为的驱动力从马斯洛需求理论中最底层的基本温饱需求升级到更上一层的自我实现需求。近年，一项针对医生的抽样调查显示，只有 16％的受访者对自己目前的收入满意。因此，提高医生的待遇可以说是一项重要且急迫的任务。事实上，针对医生贡献与收入不匹配的情况，此前有关部门曾制定了允许医生进行多点执业的规定，也就是符合条件的执业医师经卫生行政部门注册后可以受聘于两个以上医疗机构执业的行为。但在实际操作中，有些医生的多点执业请求不能得到原单位的批准。数据显示，尽管目前我国只有约 17% 的医生希望保持原状、专注在原来的医疗机构工作。然而，80% 的医生都未能得到多点执业的经历，主要是因为院方对医生的不信任，认为其打零工的行为将会引发人才与技术的流失。无论医生如何解释，也于事无补。

和医生之间的情况一样，医院与医生之间因为多点执业而产生的纠纷依然属于典型的第二类信任危机。针对医生外出执业这种信息，医生与医院给出了完全不同的解读。对于这种情况，目前区块链也是无能为力的：即使把医生认为再普通不过的治疗方案都记录到链上，医院也有可能会认为这属于技术流失的范围。事实上，从其他实现医生独立执业的国家或地区的经验来看，医院与医生之间信任程度的提高甚至两者之间关系的转变，未来主要是通过社会的发展以及行业的推动来完成。从近几年各行各业从业者 IP 化、网红化的趋势来看，部分年轻医生也开始有意打造自己的个人品牌，争当“网红医生”，进而在实现足够的财富积累的基础上为患者提供成本更合适的诊疗服务。而社会对这种组织变更的接受度有多高，以及推进的速度能够有多快，还有待于未来的下一步观察。

5.7.4 总结

我们从以上分析中不难看出，在进行医学数据确权、助力影像环节的人工智能阅片以及患者数字化影像的顺利流通方面，区块链能够发挥值得期待的正面作用。未来，如果区块链能与可靠的可穿戴设备结合，在部分垂直领域实现以“以医为主”到“预防为主”的转变之路上将会发挥一定的助力。然而，鉴于医疗是一个由多学科组合起来的庞大综合系统，因此这个行业未来的实质性发展除了数字技术以外，还将会依赖物理、化学、影像甚至体制改革的共同进步。正如人类健康状况的改善不仅在于医疗技术的发展，也有赖于环境、饮食、生活方式等方面的共同进步一样。

5.8 区块链 + 公共管理行业：数字政务的降临

5.8.1 公共管理行业：并不神秘的准经济体

所谓公共管理，是指以政府为核心的公共部门整合社会的各种力量，广泛运用政治的、经济的、管理的、法律的方法来强化政府的治理能力，提升政府绩效和公共服务品质，从而实现公共福利与公共利益。由于其本身具备较浓厚的行政色彩，也不常涉及股票、证券等投资标的，因此很少出现在各类经济行业研究报告中，给外界颇多神秘感。但事实上，如果将公共管理机构视为一个类似于企业的经济体，它的运行原理便不难理解。其通过税收、土地出让金、国有企业等途径实现资金收入，而内部各部门则对这些资金进行自由竞争，或者由财政部门进行分配，最终将这些预算支出用于本部门专注的相关工作上，进而完成预计的目标，如经济发展增速、民生质量水平提升等。

从这一点来看，无论是对公共管理领域进行分析，还是对其与区块链技术结合的前景进行展望，本质上与对其他行业的研究没有太大的区别。但需要注意的一点是，与其他细分领域相比，公共管理领域中的机构除了开源节流等经济利益之外，还要考虑到信息安全等因素。例如，目前市场上流行的一些“利用区块链技术推进信息公开”的方案，如果是应用在商业性质较强的企业，倒还存在落地的可能性，但对于公共管理这种较敏感的部门来说则不太合适，这是处于发展初期的区块链技术与公共管理领域结合时需要特别注意的地方。在本节中，我们选择了两个在经济层面既有利于提质增效又能确保信息安全的场景，其中在收益侧是“区块链 + 税务”，在成本侧是“区块链 + 政务”。

5.8.2　收益方面：确保税收收入

近年来，公共管理部门的收入呈现出一个非常明显的特点，那就是税收收入占比逐渐下降，而社会保险费、土地出让金、国资营收等非税收收入的占比明显提升。但是，总体来说，目前非税收收入所占的比例相对有限，税收收入依然是毫无争议的第一大收入，如图 5-22 所示。随着部分地区将非税收收入征管职责划转到税务部门，税务部门如何对相关收入进行合理的管理，是整个财政领域面临的重要议题。而目前税务领域所面临的最大痛点，则是逃税漏税行为。

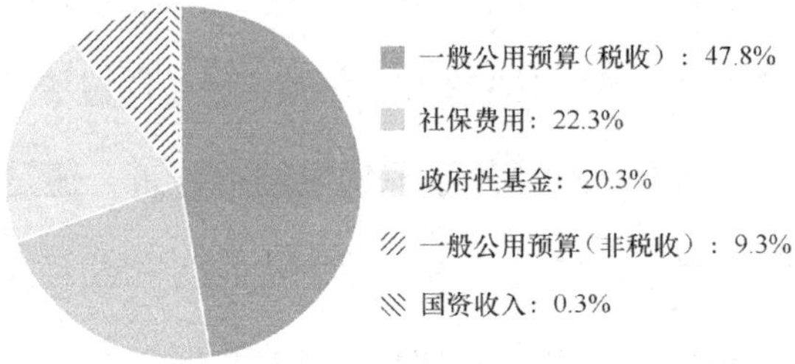

图 5-22　2017 年财政收入分布结构（含社保）——税收为最主要来源

一般来说，根据征收方式的不同，税费可分为两类：向个人征收的直接税以及向企业征收的间接税。鉴于我国的税收是以间接税为主，而税率又相对偏高，因此在其目前的税收结构中，增值税占了最大比重。由于增值税主要是以商品和服务在流通过程中产生的增值额作为计税依据，最终通过销项税与进项税之差进行征收，所以对于企业来说，其避税的总体思路也比较清晰。那就是企业在向税务部门报税时，一方面把自己的营业额尽可能地低报，从而压缩需要缴纳的销项税；另一方面将自己的成本费用尽可能地高报，从而虚抬能够用来抵扣销项税的进项税。考虑到目前我国税务部门在对税收进行管理时主要采用的还是"以票控账、以票控税"的方式，也就是根据企业开出的发票金额追踪并确定缴税数量，因此企业控制这些金额的方式就是在发票上做文章，如图 5-23 所示。在收益侧，某些企业在进行销售时经常会以各种理由拒绝向客户开具发票，其目的就是为了削减所需缴纳的销项税的金额；在成本侧，则是通过虚开发票、一票多报等行为，把假票粉饰成真票，把一票复制成多票，向税务部门虚报自己的成本，进而抬高能够抵税的进项税，最终实现逃税漏税。

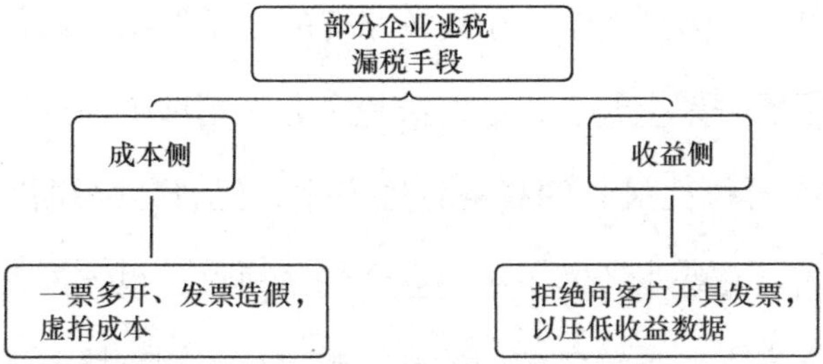

图 5-23 部分企业逃税漏税手段

现实中，企业逃税漏税的情况经常发生。虽然多年来公共管理部门试图对相关行为进行打击，但始终难以实现根治。究其原因，归根结底还是因为企业的税务账簿、经济合同具有不透明性，对集中化的税务管理部门来说如同黑箱，使其很难追查到发票和资金的流转过程，这才给企业留下了很大的操作空间。因此，解决税收流失的关键在于解决企业与税务部门信息不对称的问题。对于这一点，目前区块链行业给出了两种解决方案：短期方案是依然以发票为控税中介，通过区块链发票更准确地了解资金的流向；长期方案则是通过企业交易上链，进而跳过发票这个中介，直接在相关的账目上扣除税款。

短期方案

这种方案的关键在于用去中心化的区块链发票来替代中心化的电子发票与纸质发票。具体操作方法是在现有的电子发票的基础上引入区块链技术，如图 5-24 所示。

在收益侧，通过“一键开票 + 节点数据同步”功能，降低消费者开具发票的门槛，真实地记录企业的销售情况，避免其通过拒开发票来逃税的情况出现。在成本侧，则通过区块链的时间戳等功能为电子发票增添“报销状态”指标，避免一票多开的情况出现（原有的电子发票不具备此功能，经常会因为多次打印而一票多开），最终避免企业在销项税与进项税上做文章。这种办法是目前可行性最强的税务管理方案，但总体来说仍存在一定的瑕疵。如果相关人员在线下（链下）另立合同或协议，也就是人们熟知的“阴阳合同”，则会大大增加税务部门的监管难度。在这种情况下，人们需要一个更完善的方法，也就是“区块链 + 税务”的长期监管方案。

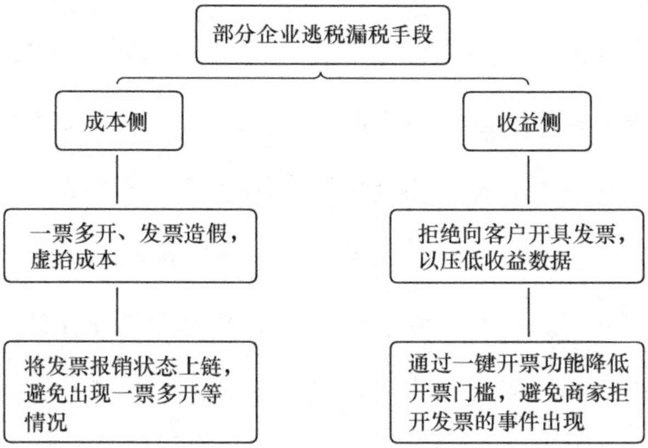

图 5-24　区块链发票针对现行逃税漏税手段的解决方案

长期方案

与主打区块链发票的“区块链 + 税务”短期方案相比，长期征税方案相对容易理解，其所指的是一种较理想的情况，也就是将所有纳税人的身份信息（个人、企业）、资产信息（股权、债权、无形资产等）、交易信息（时间、地点、物品和金额）都真实、完整、有效、难以篡改地记录在税务部门的区块链上。如此一来，税务系统无需再以发票为控税中介，就可以自动计算纳税人在某一期间应该履行的纳税义务，并自动扣划税款。但是，这种方法一方面需要作为公共管理机构关键中枢的财税部门对区块链技术持肯定与接纳的态度，另一方面也需要区块链技术达到高度可靠的水平。整个过程需要大量财力成本以及其他行业的发展经验，在各项工作万无一失后才有启动的可能性。因此总体来看，这种方案可能需要一个相当长的过渡发展时期。而在此之前，税务系统的控税手段仍将依赖发票这种介质。

5.8.3　成本方面：降低政务成本

在财政支出方面，目前各国存在一些相似之处。例如，包括养老金和失业金在内的社会保险一般都是财政支出的最大部分。不过在一些局部细节上，各国的实际情况也会出现差异。例如，英国财政在教育领域的支出比例较高，而俄罗斯财政在经济建设领域的支出要高于其他国家。虽然部分国家的财政支出结构确实存在有待改善之处，但这些差异主要是源于各国的国情差异。例如，英国重视教育，俄罗斯国有经济主体较强势等。财政支出与各国的人口年龄以及产业结构等特点有着密切关系，短期内很难用包括区块链在内的数字技术进行明显的改变。因此，在公共管理支出方面，区块链技术比较合适的切入点是削减一些必要性不强的行政成本，这也是目前“区块链 + 公共管理”领域在各地区、各部门之间最能够达成共识的结合方式。一方面，企业与个人可以更加专注于经济生产活动；另一方面，有关部门可以将节省下来的时间与经济成本投入其他更需要资源的行业，如医疗保险等某些社会保障领域，进而优化公共管理的财政支出结构。

我们具体来看区块链等数字技术对政务效率的改善。在互联网技术的支持下，目前数字政务比较理想的状态是让办事的B端企业与C端个人实现“最多跑一次”的目标，进而大大压缩社会经济体系在行政事务上花费的时间。其基本原理是办事者将相关的必要信息以电子版的形式提交到相应的政务机关的数据入口，上述部门对相关材料进行核实后在线上和线下为对方办理相应业务。这个目标在很多地区的很多部门已经实现。而区块链技术的发展方向是通过打造可信的政务环境，打通数字政务的最后一公里，把“只需跑一次”进一步压缩为“一次都不用跑”。

我们从以上描述中不难发现，目前“互联网＋政务”的“只需跑一次”办事模式，其实在理想情况下是可以将所有办事步骤都转移到线上的。之所以还要让办事人员在线下“跑一次”，一方面主要是相关部门在办理某些类似财务的敏感业务时需要在线下对办事人员的身份进行现场核实，以防止出现身份冒用等事件；另一方面是由于目前很多部门存在“数据孤岛”，彼此之间不能相互提供信息数据佐证，因此很多时候在A部门“跑一次”后来到B部门办事时仍然需要“再跑一次”。由于线下的行动成本（包括时间与经济）一般相对较高，因此这种经常需要跑路的行为可以说是给生活节奏越来越快的当代民众增添了很多麻烦。而区块链技术在政务成本方面的切入方向，也正是基于这两点。

核实身份

严格地说，核实身份这件事在线上并非不能完成，当下流行的“刷脸技术”从理论上讲其实可以满足相关需求，如图5–25所示。例如，某地国有单位职工已经可以通过“刷脸”在线上办理住房公积金提取业务，进而实现了“一次都不用跑”的目标。但严格地讲，目前包括人脸识别在内的生物识别技术的成熟度仍有提升空间，主要体现在这项技术的安全性存在漏洞，有被攻破的可能。对于用户来说，他可能同时拥有多组密码，但生物特征却具有唯一性，如果相关的生物特征数据因为被盗或遭到采集而流入盗用者手中，极有可能导致多个电子账户同时被盗，进而引发难以想象的后果。

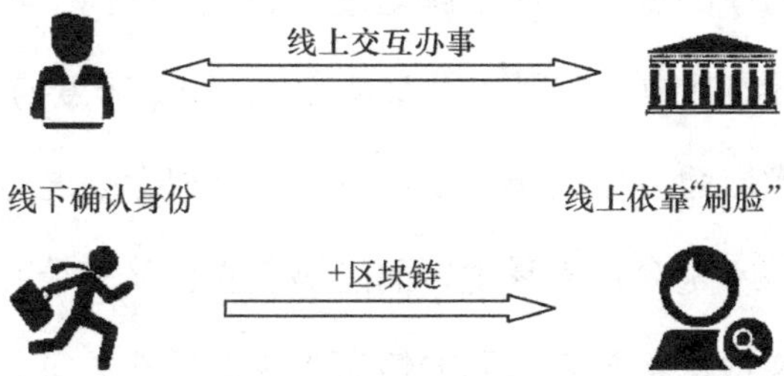

图 5-25　“区块链 + 政务”实现“一次都不用跑”的原理

在这种情况下，人们就有必要对以生物特征为密码的电子账户进行保护。由于区块链的分布式结构可以保证“数据库逻辑”的去中心化，也就是生物特征数据被分散存储在不同的逻辑空间与物理空间，因此，每一次攻击由于遵循了一套算法逻辑，最多只能攻破一个逻辑空间中的数据库，而其他逻辑空间中的数据库则不受影响。也就是说，被盗账户的生物识别密码是无法打开密码失主的其他账户的，从而保障了相关信息与资产的安全。但是，目前来看这种方案只是一个设想，区块链技术主要是使数据能够保存在不同的物理空间，至于所谓的逻辑空间能否保证生物密码的安全，甚至逻辑空间本身为何物，都是需要梳理与解释的问题。

数据孤岛

按照目前业内从业者的想法，通过建立一个可以让政府部门接入的、数据共享互通的区块链底层网络，可以实现数据和信息的安全共享与交互。如此一来，即使涉及多个部门的行政事务，也能让办事者“只跑一次”或“一次不跑”，即所谓的“数据多跑路，办事者少跑路”。

从理论上看，这种想法确实值得期待，但现实操作中仍存在一系列难点。

首先，在体制层面，对于区块链这种新生的技术来说，在试点时期更适用于业务形态较简单的板块，如果调动过多的相关部门尤其是一些业务相对敏感的关键部门参与其中，在现阶段尚有较大的协调难度与风险。

其次，在技术层面，数据属于使用权和所有权合一的轻资产，一旦被人看到，其所有权基本也会宣告易主，而区块链平台又有公开、透明的特性，因此，如何能够在数据不被人看到的情况下完成安全验证，对于加密技术的使用者来说将是一个挑战。

5.8.4 总结

客观地讲，作为一项尚未成熟的新生技术，区块链之所以能够得到政务部门的关注，与这些年基于“互联网 +”的电子政务的大获成功不无关系。从理论结合来看，区块链也确实能明显提高公共管理领域的运作效率。但是，关注不等于青睐，更不等于项目落地，在区块链发展路线尚未确定、技术水平有待加强的当下，贸然用于求稳守成的公共管理行业不是明智之举。从互联网的发展经验来看，公共管理部门如果想全面拥抱区块链技术，需要获得高级决策层的认可，而这种认可又来自区块链技术在其他行业取得的一系列成就。因此，区块链技术与公共管理领域结合形成的数字政务还有相当长的一段路要走。

5.9　区块链 + 文体娱行业：前沿领域的碰撞

近年来，经常上网的朋友们可能会有这样一种感受，那就是与文艺、体育、娱乐相关的新闻正在占据人们越来越多的注意力。出现这种情况的直接原因，主要是在温饱等基础需求得到满足的情况下，人们的生活需求开始逐渐过渡到个人精神层面。纵观近年来的相关数据不难发现，在全球范围内，文体娱行业的核心产值及其占全社会 GDP 的比例都在快速增长。一方面，这给身处其中的从业者带来了巨大的机遇，使其财富倍增；另一方面，较快速的发展也给行业带来了一些之前未曾预料到的问题。因此，很多相关产业的从业者便把目光投向了同为前沿行业的区块链领域，希望能够从中找到一些解决方案。在本节中，我们将对区块链技术如何赋能文体娱行业进行分析。

5.9.1　文体娱行业：以IP流通为核心的综合性产业

从表面上看，文化、体育、娱乐行业处于不同的细分领域，差异似乎比较明显，但实际上其运行原理大同小异，都是经过 IP 包装与推广、最终实现价值变现后，再在产业链各个环节进行利益分配。由于盈利模式相近，最近几年，市场上开始出现了打通文体娱各个垂直领域的“泛娱乐”。例如，将小说改编为游戏、将游戏改编为电影等。这种相似的行业形态使文体娱各行业的痛点也存在一些重叠之处。本节重点介绍的就是文体娱行业存在的共性问题，以及对应的区块链解决方案。

与很多行业的主要问题出在遭受上下游“两面夹击”的中间环节不同，目前文体娱行业面临困境较多的利益主体不是中间环节的 IP 包装推广者，而是最上游的 IP 生产者。他们是相关产品的直接产出方，有时却很难获得与自己产出相匹配的酬劳，使整个 IP 的变现闭环无法完成，后续的持续创作也受到影响。目前有观点认为，文体娱行业存在的最大痛点是部分产品质量不尽人意，而这种现象的主要原因又正是产品的产出者因经济问题无法全身心地投入相关的创作过程中。之所以出现这种情况，主要还是因为文体娱行业在接下来的 IP 包装推广与最终变现环节出了问题。

对于很多不了解文体娱行业的人来说，他们可能会认为文体娱乐行业的 IP 生产者只要简单地把自己的作品（包括小说、音乐、影视等）通过相关渠道推送给终端消费者，就可以很快从中获取自己的回报了。然而事实并非如此。由于社会分工的存在，他们一般只能把自己的精力专注于作品的产出上，而后续的包装与推广工作则主要由那些更专业、更有社会资源的商业组织即相关的经纪中介公司来完成。也就是说，文体娱行业的产业链大致可以分为三类利益主体，如图 5-26 所示。一是 IP 的生产者，也就是包括作家、演员、音乐人等在内的相关作品产出方；二是 IP 的包装者和推广者，也就是包括经纪公司在内的相关中介机构，他们通常是 IP 生产者的雇主或大客户；三是 IP 的消费者，也就是广大的读者、听众与观众等。而在资金从消费者流入生产者的过程中，几乎每一个环节都可能会出现问题。

图 5-26　文体娱行业产业链

（1）资金在从消费者流入包装与推广者的过程中可能会因为变现难或遭到分流，从而难以流入相应的产品供应利益主体手中。

（2）资金在从包装与推广者流入生产者的过程中，由于结算权掌握在话语权较强的中介公司手中，导致 IP 生产者可能无法及时且足量地拿到属于自己的报酬。

接下来，笔者将对这两个环节存在的问题以及区块链在解决这些问题上可能起到的作用进行具体的阐述。

5.9.2　IP消费者与包装推广者之间的资金问题：流量与收入的断裂

从目前来看，文体娱行业的第一个环节即“消费者→包装与推广者”中存在的最大问题是产品产生的流量无法为 IP 供应方（包括 IP 的生产者、包装者与推广者）带来收入。其中的原因主要包括以下几点。

（1）客观环境因素：部分行业的特点决定了其流量难以变现。

在这方面，体现最明显的莫过于体育行业。虽然过去几年间，部分运动员尤其是明星球员的高薪给了很多人一种体育行业暴利的感觉，但世界上大多数球队的运营商及其合作伙伴实际是不赚钱甚至连年亏损的，相关赛事版权的销售也是阻力重重，很多运营方出现了“免费众人聚、收费人皆散”的尴尬局面。在这种情况下，体育 IP 的包装与推广方只能将投资体育赛事作为一种市场宣传方式，进而在与广大 C 端消费者的互动中打造良好的知名度、品牌效应，以及公众和政府关系。所以，人们可以看到那些有能力在体育领域进行投资的很多企业都是来自现金流比较充沛的细分行业，如金融、房地产、互联网等，而其他行业的资本则只能敬而远之。

（2）主观人为因素：一些本可以变现的产品未能变现，或者变现后的资金进入了其他利益主体的钱包。

具体地说，文学、音乐、影视等细分行业所面临的此类困扰较多。从理论上讲，在文体娱产品的传播过程中，每进行一次流转，也就是每当一位新的消费者试图获得产品的使用权时，便需要向产品的供应方——生产与包装者支付相应的酬劳。但在现实状况下，要做到这一点存在很大的难度，具体原因包括以下两点。

第一，文体娱产品的供应方很难对整个流通渠道进行完整的监控。这样即使很多产品与服务在传播过程中出现“无偿化”的情况，供应方也无从得知或难以应对。以音乐行业为例。现在主流的音乐经纪公司都会和相关的媒体流通平台达成协议，在一段时间内向后者出租音乐产品的使用权。同时，用户在下载相关产品时也需要支付一定的费用。也就是说，当音乐在指定的平台进行“场内流转”时，产品供应方是可以根据流转次数来获得相应的收益的。然而，当音乐一旦被下载到电子设备上、脱离了相关的平台时，其“场外流转”就不再受到产品供应方的控制，新的用户也无需再为获得其使用权而进行付费。

第二，文体娱产品的创意可能被他人剽窃和冒用，导致很多用户虽然为类似的产品和服务支付了费用，但这项资金却未能流入原创者及其相关的利益主体那里。例如，有些影视作品凭借其故事情节、背景音乐以及宣传海报等元素获得了外界的关注与不菲的收益。但问题在于其中有些元素是从同行那里“借鉴”过来的，存在较高的重合度，甚至有时干脆就是全盘照搬，使本来应该聚焦到原作品上的观众注意力以及相关的经济收入被转移到了自己身上，原创者却经常没有获得任何收益。纵观整个文体娱行业，这种现象存在于文创、美术、音乐等各个垂直领域，屡见不鲜，且屡禁不止。

我们根据上述行业分析可以发现，文体娱行业 IP 消费者与包装推广者之间的资金传递链条主要存在三个问题，如图 5-27 所示。

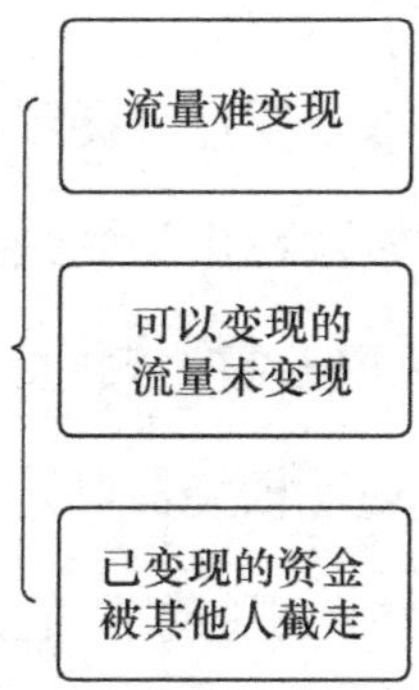

图 5-27　IP 在推广过程中面临的几个变现问题

针对这几个痛点，目前区块链能够给出以下解决方案，如图 5-28 所示。

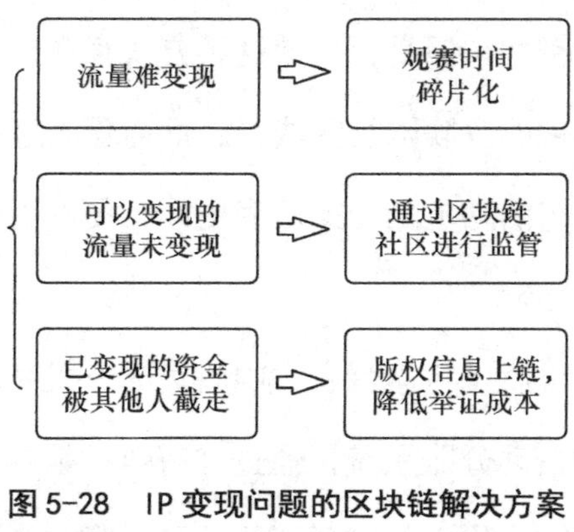

图 5-28　IP 变现问题的区块链解决方案

第一，针对流量未能变现的情况，我们以体育赛事为例来分析。这种 IP 产品变现难的一个重要原因是对于消费者来说，其成本偏高而收益却低于预期。在成本侧，这类产品销售的颗粒度过大，使用户感到门槛较高，最终望而却步。例如，很多时候人们明明只想看一场比赛，运营方却只卖一年的套餐；当人们只想看最后 10 分钟的决胜局时，运营方却又要收取整场的观看费用。在收益侧，赛事的观看权一旦买到手便不能退货或转让，如果到期不能观看，用户便会损失这一部分的权益。

对于上述两个问题，目前可采取将观赛时间拆分的方法。在成本方面，可以使相关时间的交易采取比较颗粒化与精细化的模式（例如，可以分割到以分钟计的交易单位），令用户无需为颗粒较大的产品付出额外的费用；在收益方面，如用户因故无法观看相关赛事，也可通过场外交易的模式将时间转让给其他人。这种“压成本、提收益”的方法可有效减轻用户的经济负担，进而通过“压价提量”来提高总收入。

第二，对于流量本可以通过线上流转来变现却因为场外流转情况过多而导致场内流转收入流失的情况，目前采取的主要方式是通过监督举报等方式挤压场外流转的发展空间。但是，目前这种方式存在以下问题：场外流转的发起者通常是去中心化的互联网社区成员，而监督者通常是中心化的经纪公司，前者的活跃时间与活动范围要比后者更广，使后者很难时时刻刻监督文体娱产品的场外流转行为。

对于这种情况，可通过将监督者去中心化的方式来解决。也就是利用基于区块链的智能合约自动分账系统，通过“有效举报—自动获得经济激励”的方式，鼓励同为去中心化组织的互联网社区成员成为监督者，利用其活动时间与范围更广的特点来使相关的监督系统尽可能地覆盖到文体娱产品的场外流转体系，促使这部分流量尽可能转移到场内的相关平台上，最终提高流量的变现率。

第三，对于流量在变现过程中因为版权纠纷而使相关利益流失的问题，从理论上讲，性价比最高的解决方式是在线上传播文体娱产品时，借助相关数字技术，通过“人机交互”的方式来避免出现版权剽窃的现象。一方面，通过锁定技术防止剽窃者的复制。例如，一些内容社区会对某些文字与图像进行“禁止复制、下载、截图”的保护。另一方面，通过识别技术察觉某些产品与其他原创者的产品存在较高的相似度时，禁止其发布相关内容，例如，微信公众号的原创识别功能。但是，从现实情况来看，虽然这种“人机交互”的方法看上去很好，但其在短期内落地的可能性却不高。一方面，只要相关的文体娱产品对外发布，即使线上复制功能遭到锁定，盗版者也可以通过线下记录的方式来拷贝相关的内容。另一方面，在经过适当的修改后，相关的数字识别系统便可能无法再识别出相似度较高的产品。因此，目前在文体娱产品的版权保护上，“人机交互”所能起到的作用比较有限，一旦出现纠纷，主要解决方法还是利益主体之间进行具体交涉，即“人人交互”。

基于此，目前区块链在这方面的主要发力方向也只能是尽可能地压缩“人人交互”过程中的成本。也就是版权所有者通过版权上链存证，在出现相关纠纷时凭借自己早先在区块链上记录的内容凭证来尽可能压缩举证的成本，以提高对剽窃者的震慑力，最终降低出现这种现象的可能性。

5.9.3 IP包装推广者与生产者之间的资金问题：强势的幕后操纵者

接下来看文体娱行业的第二个环节，也就是 IP 包装推广者与生产者之间的问题。由于 IP 的生产者往往是孤立的个人或团体，数量较多；而 IP 的包装与推广者通常是拥有一定社会资源的企业，数量较少；因此，IP 的生产与交易是买方市场。当资金流入文体娱产品供应侧、在进行最终资源分配时，除非具有特别高的知名度，否则 IP 的生产者在这个环节通常不具有太强的话语权，这使他们经常很难获得与自身贡献相匹配的收入。

以影视行业为例。近年来，影视圈最热门的话题莫过于 IP 版权购买。也就是影视公司花重金购买知名 IP，并对 IP 进行电影、电视剧、动漫、游戏等全产业开发，让 IP 发挥最大的商业价值。通常情况下，如果没有明确其他股权收益，作者和影视公司的版权交易通常是一锤子买卖，即作者一次性拿到版权交易费用，而更多的 IP 商业收益则归属购买了版权的影视公司，如图 5-29 所示。很显然，这样的产品定价在市场化的行业中并不合理，即使产品热卖，原作者通常也很难从中获得应得的版权收益。例如，2008 年前后，很多网络小说作者将自己作品的改编权低价出售给了影视公司，2015 年后各种 IP 剧热播，相关影视作品的点击量极高，但原作者们很难再从中获取相应的回报。同样的问题也出现在其他文体娱行业中，尤其是创作门槛较低、创作者话语权弱的文学和音乐等领域。对于那些原本有潜力创作更好作品的 IP 生产者来说，他们可能会因为这种经济激励不到位而丧失进一步创作的动力。由此来看，这种资金分配模式总体上是比较粗放的，不利于资源的优化配置，存在进一步改善的空间。

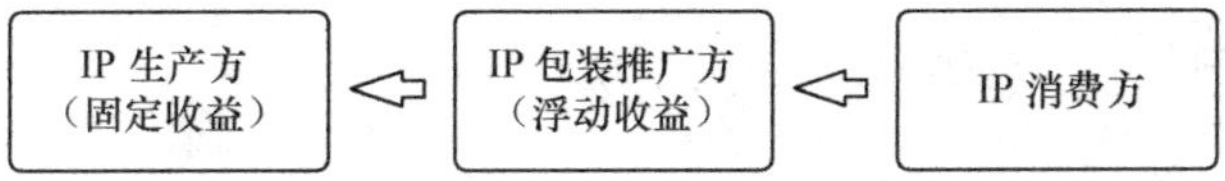

图 5-29　文体娱行业的资金流动情况

从理论上讲，运用基于区块链的智能合约分账系统，目前 IP 生产者面临的资金问题可以得到部分的解决。一方面，区块链的难以篡改性可以记录产品的点击转发数，并保护其无法受到外部的篡改，进而根据其热度来准确地确定 IP 生产者的奖励金额；另一方面，智能合约的确定性可以使相关的金额在不受人为干扰的情况下较准时地到达 IP 生产者手中。但需要指出，区块链技术不能解决这个环节中存在的全部问题。虽然链上的点击转发数可以更真实地体现相关作品的热度，但只要 IP 的生产者还与中介经纪公司等机构进行合作，那么收益的分配比例以及结算时间周期等关键规则的制定依然掌握在强势的后者手中，而 IP 的生产者无法扭转自己原本所处的弱势地位。

那么，区块链技术为何没能帮助文体娱产业去中介化？归根结底，还是因为社会分工的存在，导致像经纪公司这样的中介机构短期内不会消失，最多可能只是换了形式。例如，在互联网音乐刚刚出现时，很多创作者以为将自己的产品传到网上，就可以绕过传统的中介机构了。但是，后来的事实证明：随着拥有更多用户资源的互联网平台取代了原有的唱片公司，音乐作品只不过是从一个中介转移到了另一个中介，而互联网的作用则是让音乐人可以对接到更多的用户资源。同样的道理在区块链网络上依然适用，作为 IP 包装与推广者的中介机构依然不会消失，但是相关的信息更加透明和可信了。

5.9.4 总结

我们从以上分析中不难发现，尽管相对于其他传统行业，文体娱行业算得上是区块链技术应用的先行者，但由于部分数字技术（包括重复率识别）的限制，以及相关的中介机构因为社会分工而很难在短期内消失，因此区块链技术给这个行业带来的实质性改变可能没有早先想象的那么大。但是，这不代表区块链技术与文体娱行业之间的合作空间有限。实际上，考虑到后者覆盖的受众数量众多，所以，即使文体娱行业能从区块链技术中获得的利益有限，其在区块链技术的推广中所发挥的作用也是不可小视的。从这一点来看，文体娱行业与区块链技术之间的关系是十分微妙的。与其说是后者促进前者发展，不如说是“互有往来”，也就是后者赋能前者，同时前者助力后者推广。

5.10 区块链 + 住宿交通行业：重构共享经济

5.10.1 住宿交通行业：共享经济的主力军

在看到本节题目的一瞬间，很多读者可能会感到有些困惑：住宿和交通之间似乎没有特别紧密的联系，它们不是批发与零售一样的上下游关系，也不是石油与天然气那种同位竞争的关系。在大多数情况下，相关的产业分类都不会把这两个领域相提并论。即使有同时出现的情况，也通常都是在“有车有房”这种不严密的日常用语中。本节之所以选择将二者并列，一个重要的原因是这两个行业在过去数年间的发展轨迹有着惊人的相似之处。它们都出现了服务供应权大幅下沉以及行业快速去中心化的情形，并最终体现为一种人们十分熟悉的商业模式——共享经济。

对于共享经济，人们并不陌生。在发展最火热的 2017 年，其引起的关注度不亚于 2018 年的区块链。纵观那些最成功的共享经济案例，我们不难发现，其中有相当一部分案例都是出自住宿和交通行业。这种情况的出现主要源自两方面。

第一，在硬件设施上，随着经济的发展，一部分有条件的人已经率先实现了上文提到的“有车有房”。而且，房产不止一套，汽车的座位数量也超出了自己所需。对于这些人而言，与其闲置这些资产，不如择机变现。

第二，在软件技能上，教育与科技的进步使上述资产的一些所有者已经具备了相关服务的提供能力。例如，在住宿方面，很多拥有多套房产的人往往不必再纠结于基本温饱，而是有更多的能力对房屋的设计与布置进行研究；在交通方面，驾校的普及以及导航 App 的出现，使很多私家车驾驶者的载客能力已经不亚于专业的出租车司机。

在多种因素的合力作用下，短期住宿和交通服务的供应权开始快速下沉，既带来前所未有的便利，也产生了前所未有的问题。无论对于服务的消费者还是提供者来说，都是如此。

5.10.2 消费者：是否应该相信服务提供者

相对于传统的中心化服务机构，这种去中心化的机构所提供服务的成本一般不高，毕竟共享经济发展的初衷就是为了给消费者省钱。虽然部分细分领域随着“烧钱”补贴大战的结束以及相关企业的合并，其服务费用已经比从前有所上升，但由于传统中心化服务机构的存在，其价格还不敢抬得太高。从目前来看，消费者对住宿交通这种共享经济的主要关注点是在收益侧，也就是对方的服务能否给自己带来预期的体验，是否值得信任。如果在传统的住宿与交通供应模式中，供应商的品牌（连锁酒店、出租车公司）为服务质量起到了保障作用，那么在去中心化的住宿与交通服务体系中，连接服务提供者与消费者的互联网平台则担任了可信任中介的角色并发挥相应的保障作用。其保障的方式主要包括两种：一是在服务是否合规方面对服务提供者进行审查，只有满足条件者才可登录平台提供服务；二是在服务质量好坏方面，通过消费者的评价来对服务提供者进行量化评估。

实事求是地说，这种方法并不能使消费者完全信任服务商。毕竟审查会有纰漏，评论有时也会欠客观，甚至直接出现刷量的情况。但考虑到有相当一部分住宿和交通的服务是非标准化的，缺乏可以用来衡量服务质量的结构性指标，供需间的信任属于前文提到的“第二种信任”，所以很难用“相关数据上链”的方式对信任关系进行重构。因此，在可预期的时期内，像住宿和交通这种去中心化的经济体系还会以传统的中心化中介进行保障的方式连接服务的提供者与消费者。

然而，尽管区块链技术不能十分精准地直接连接去中心化经济体系中的双方，但不代表其存在就完全没有意义。至少在提升传统中介保障服务质量的精准度上，它还是能起到一定作用的。例如，前文提到的评论造假问题，在未来区块链发票普及、“一键开票”功能实现之后，可以通过“一票一评论”，也就是让消费者以发票为凭证来获得评论权的手段，避免虚假评论泛滥。虽然这种设置评论门槛的做法有制约消费者的话语权之嫌，但话语权本来就应该是一种被慎用的权力，它更应该落在负责任的人的手中，而不是任由无意义的评论泛滥。

5.10.3 服务提供者：如何才能跳过中介

如果说目前的消费者对住宿和交通等共享经济平台整体持有一种相对正面的态度，那么服务提供者的感受就比较复杂了。一方面，互联网平台汇集的流量确实为服务提供者带来了更多的用户；但另一方面，部分互联网中介抽佣的力度也越来越大，导致每单利润有所下滑。尤其是在平台方大打价格战、争夺客源时，压下去的价格差有相当一部分都转移到了这些服务提供者的身上，对其营收造成了明显的影响。例如，近两年的一项调查显示，某共享交通平台对驾驶员每单的抽佣比例可达到 30%，导致越来越多的司机发出了“开车不挣钱”的感叹。在这种情况下，不少从业者便将目光转移到了区块链，希望利用其去中心化的特点，在住宿交通的共享领域完成相关服务提供者和消费者的直接对接，进而实现经济双赢。

但是，问题在于区块链的去中心化理念真的有可能帮助服务提供者和消费者跳过作为中介的互联网平台吗？首先，去中心化不等于去中介化。所谓“中心”是指在行业格局上，某些权力集中到某一个或几个利益主体的情况；“中介”则是指产业链中的某一个环节（多以流通营销为主）。这就决定了区块链的“去中心化”与产业链的“去中介化”没有直接关系。其次，很多中介虽然不直接提供产品或服务，但不代表它们的存在就没有价值。事实上，像住宿和交通这样的中介，它们在整个服务的产业链中是通过撮合信息使相关的资产尽早产生现金流而创造了附加值。也就是说，不能轻易地将这些专业环节从产业链中剔除，否则信息撮合的工作就没有人做了。

因此，我们必须退而求其次，在强势中介寡头和完全去中介化这两种极端情况之间选择一种合适的方式，即避免中间环节在整条产业链中表现出过强的影响力和掌控力。实体产业也是一样，像作为零售平台的淘宝网不仅提供免费服务，而且对商家的合法行为也不作过多干涉，这样的中介就是可以接受的。但如果像某些酒店平台一样上下通吃，收取高昂的中介费，那么这样的中介就是难以接受的。

事实上，现在市场上出现的很多“去中心化住宿”“去中心化打车”等区块链项目，它们的思路就是上面提到的这种模式：一方面保持信息撮合环节的存在，另一方面又想方设法削减其产业影响力，避免让产品和服务的提供者与消费者为中介进行过多的买单。但严格地说，很多方法不仅在合规性上存在疑问，而且能否持续地削弱中介的影响力也是存疑的。

在这种情况下，如果想在共享交通和共享住宿这样的 C2C 经济体系中降低中介对产业链的掌控力，目前仍要遵循传统的商业逻辑。

首先，中介环节必须存在竞争，而不能出现一家独大的局面。这种竞争可以发生在同一细分领域内，如优步和滴滴的竞争；也可以发生在细分领域之间，如共享单车和网约车的竞争。只有这样，相关机构才有自我压制价格的动力。否则，一旦某个中介环节被单个利益主体掌控，那将不可避免地会出现一手遮天的情况。

其次，竞争格局中各中介的商业模式和盈利情况必须足以支撑它们持续发展，如“低中介费 + 流量广告费”的组合，否则群雄割据的竞争格局很快就会因为参与各方的入不敷出而难以持续。就如同前几年共享交通领域的补贴大战一样，“烧钱”烧到弹尽粮绝后被迫合并，相关费用旋即明显上涨。如果不能做到这两点，那么在可预期的时期之内，那些较强势的中介仍然会存在于特定的产业链中。虽然它们的规则会有一些不合理之处，但只要在政策与社会容许的范围之内，中介就不会有太大的自我改进的动力。

然而，尽管短期内中介的地位不会受到特别明显的冲击，但不代表其没有提升的空间。鉴于一些中介平台在某方面有时会触及社会的心理底线，因此这些中介在产品体验上存在改进的可能，而且需要用区块链技术进行改进。例如，在 2018 年的网约车连环命案中，遇害人曾多次向网约车平台求援，却未能及时得到回应。出现这种情况的一个重要原因就是相关事件的处理权被集中在相关企业，而后者或出于主观态度怠慢，或出于客观任务繁重等原因，未能及时对受害人的呼救信号进行处理。如果把事件的处理权分散到基于区块链自动分账系统的去中心化社群，中介系统的反应速度就会更快，相关的事情可能也就不会发生。

5.10.4 总结

我们从以上分析中不难看出，对于住宿和交通这种去中心化的系统而言，人们很难强行照搬区块链网络“弱中介化”的模式，进而打造一个同样弱中心化的经济系统，因为这两类系统之间的行业规律、发展阶段等方方面面都完全不同。然而，值得注意的是在整体背景不乐观的情况下，我们仍然在不经意间发现了区块链技术在共享住宿和交通领域的两处应用场景，即基于区块链发票的可靠评论以及采用了区块链自动分账系统的去中心化互联网社群中介。这大概也正是进行区块链研究的妙处所在：很多时候，虽然这项技术没能在我们预期的场景中落地，但在其他场景出现了开花结果的可能。

6

CHAPTER

第 6 章　区块链应用案例——技术视角

6.1 直接结合与间接结合

总体来看，目前的区块链应用呈现出一个比较明显的问题，那就是解决方案过剩且缺乏可行性。从表面上看，相关的区块链应用设想可谓是遍地开花，除了本书前面介绍的三大产业中的部分细分领域之外，还有一些其他行业的方案，如区块链与机床、仪表、环保的结合等。同时，一些细分领域又被分为更多的赛道。例如，区块链与能源行业的结合又可以被分为区块链与煤炭、石油、天然气、可再生能源的结合。这乍一看给人一种百花齐放的感觉，但如果仔细观察就会发现其中存在很大的泡沫。

首先，很多细分赛道的“区块链＋”应用由于存在较高的共性，因此是可以进行合并的。例如，我们可以把“区块链＋咖啡店”“区块链＋茶餐厅”“区块链＋快餐店”等诸多解决方案合并成“区块链＋餐饮”。

其次，虽然有些新的行业解决方案看似受到了区块链技术的影响，但事实上这些领域并没有与区块链进行直接的结合。这里需要注意一点，目前业内经常提到的所谓“区块链＋”，它对各行各业的影响主要有两种方式：一种是直接影响，另一种是间接影响。其中，直接影响是指区块链重构了某个行业原有的运行原理和逻辑，就像共享出行重新定义了中短距离交通一样；间接影响则是指某个行业虽然没有被区块链重构，但其上游供应商或下游客户在与区块链结合之后，对它的业务产生了影响，例如，分布式能源的出现给智能电表提供商带来了大笔订单。

由此可以看出，尽管区块链技术确实有能够影响整个经济社会的潜力，但不代表其能够与每个行业的每个环节进行结合。事实上，各行各业从区块链技术的发展中受到影响的方式大致可以参照以下类比。当用天文望远镜看夜空时，观察者视野内的繁星按照可见度不同可以分为三种：第一种是恒星，本身有发光能力；第二种是亮行星，只能靠附近的恒星来“沾光”；第三种则是暗行星，由于离光源恒星太远，连“沾光”也做不到。目前，实体产业与区块链的结合状态就是如此：有些行业就像恒星一样，本身可以与区块链进行较紧密的结合，从而备受瞩目，大放光彩；有些行业则像亮行星一样，本身很难与区块链进行紧密的结合，但可以通过从其他拥抱区块链的上下游伙伴那里“借光”，从而影响其经营成本与收益；还有一些行业则如同暗行星一样，不仅其本身很难与区块链进行结合，就连产业链上下游的合作伙伴也与区块链绝缘，因此，区块链技术的诞生和发展对其基本没有任何影响。

在经过这样的合并、剔除与梳理之后，我们可以发现目前社会上已经投入使用或正在研发的区块链应用数量并不多，总体聚焦于溯源技术及其应用。

6.2 区块链溯源：望文生义的应用探索 1.0

众所周知，在互联网领域，很多解决方案都比较有特色。例如，互联网 + 零售 = 电商，互联网 + 出行 = 共享交通，互联网 + 金融 = 移动支付……而到了区块链行业，解决方案就变得很单一。这种单一表现在目前区块链行业里一大部分宣称与实体产业有交集的解决方案都是溯源。例如，区块链＋农业＝溯源，区块链＋采矿业＝溯源，区块链＋大宗商品＝溯源，区块链＋奢侈品＝溯源……

为什么如此多的区块链解决方案都是溯源？这可能与人们最初了解区块链时采取的学习方法有关。在前两年的“区块链焦虑”时期，有很多人投入到了对“区块链”这个概念的研究之中。但是，由于区块链涉及计算机科学、金融学、行业研究及社会组织等多个领域的知识，对于很多跨界学习能力薄弱的人来说，要搞清楚它实在太难。在这种情况下，很多人选择用一个速成的办法来了解区块链，那就是类比。

毫无疑问，对于刚进入某个行业、对新概念完全不了解的初学者而言，寻找一个现实中的事物进行对标与类比是很有效的学习方法。于是，在区块链概念最热而绝大部分学习者又处于茫然状态时，业内便出现了各种各样用来类比区块链的事物和场景，如“撕碎后可以重新拼合的账本”等。其中，相对比较权威且容易理解的当属一位资深从业者提出的“不可篡改数据库”说。按其所宣称，区块链本质上就是历史记录不能被篡改的数据库技术。

从后来的情况看，“不可篡改数据库”的类比为很多人呈现了一个通俗易懂的区块链形象，但是，这个类比并没有覆盖区块链的全部特性。例如，这个类比没法解释为什么一个“不可篡改的数据库”可以让网络上流动的信息无法被拦截？毕竟在很多人的印象里，数据库就是用来保存数据的，除此之外，一般没有其他用途与特点。

在这种背景下，越来越多的人感觉到用一个“分布式的链式数据库”来形容区块链，其实不是一个特别准确的解释。于是，一些从业者便对这个概念做出了进一步的延伸，将其调整为一个架构在原有互联网“七层协议”架构上的、基于分布式链式数据库的新型互联网协议层。也就是说，区块链不仅仅是一条链，也不仅仅是一个数据库，更是一张独立于现有 HTTP、TCP/IP 协议栈的、去中心化存储的网络。互联网的“七层协议”如表 6-1 所示。

表 6-1　互联网的“七层协议”

层级	包含协议层
应用层	例如，HTTP、SMTP、SNMP、FTP、SIP、SSH、NFS、RTSP、XMPP、Whois、ENRP
表示层	例如，XDR、ASN.1、SMB、AFP、NCP
会话层	例如，ASAP、TLS、SSH、ISO 8327/CCITT X.225、RPC、NetBIOS、ASP、Winsock、BSD sockets
传输层	例如，TCP、UDP、RTP、SCTP、SPX、ATP、IL
网络层	例如，IP、ICMP、IGMP、IPX、BGP、OSPF、RIP、IGRP、EIGRP、ARP、RARP、X.25
数据链路层	例如，以太网、令牌环、HDLC、帧中继、ISDN、ATM、IEEE 802.11、FDDI、PPP
物理层	例如，线路、无线电、光纤、信鸽等

严格地说，从“无法篡改的数据库”到“去中心化存储的互联网”，社会对区块链的理解与认知越来越接近这个新生事物的真面目。然而，问题在于虽然“去中心化互联网”这个描述使大众可以对区块链产生更加准确的理解，但是从另一个角度来看，它也束缚了很多人的思维。在这些人看来，既然区块链归根到底还是互联网的一个种子分支，那么它必然能够解决互联网此前未能解决的一系列问题；或者进一步说，它的存在就是为了解决此前互联网未能解决的问题。

在这种思路的引导下，尽管很多人还在公开宣称“区块链可以做很多事情”，但实际上他们对“区块链+”的预期已经在无意间形成了比较明确的定位，那就是作为“互联网+”的延伸去完成一些中心化互联网此前未能做到的事情，而不是去想一下区块链能否解决一些互联网从未涉足过的场景。

众所周知，中心互联网想要解决的主要问题是信息不对称。但是，一般来讲，互联网解决的信息不对称只限于信息传递链条上的单个环节。例如，在从A传递给B的过程中，信息是可以保持准确的。如果信息传递链条要经过多个环节，如A→B→C→D，那么出于主观或客观的原因，每一个传递环节都很容易造成信息精准度的损失。在一般的互联网思维中，理论上人们应该剔除掉像B和C这样的信息中介，也就是“去中介化”。然而，由于社会分工的存在，很多时候像B和C这样能够创造行业附加值的中介暂时不会被彻底取代。那么，在A→B→C→D式“多环节信息传递”还将存在一段时间的情况下，要如何确保信息的精准度呢？

在这种背景下，很多人就顺藤摸瓜地找到了被认为可以弥补中心化互联网不足的“去中心化互联网”——区块链，利用其“难以篡改”的特点，把这项技术和信息追溯（也就是我们熟悉的“溯源”）牢牢地联系到一起，由此引发了现在溯源应用泛滥的情况。

从这点来看，在区块链落地实体产业的问题上，人们率先将其应用于防止信息精准度衰减的溯源有其存在的必然性。需要指出，大概是很多应用的开发者经常处于C端消费者的位置，也由于“溯源”这个词本身的字面意思所限（回溯源头），所以业内对“溯源”的理解很容易单纯地限定在了“追溯上游生产记录”的场景中。实际上，尽管“溯源”是一个相对比较单调的应用场景，但还没有人们想象的那样单调，至少它可以同时向上游和下游两个方向进行追溯。具体地看，溯源对促进实体产业发展的作用主要体现在以下两个方面。

第一，对于企业来说，溯源有助于企业了解各种上游物资的生产及运输，从而减少不必要的溢价及维护成本。在这方面，典型的案例如“区块链溯源 + 工业设备”。

对于很多工业企业来说，在生产过程中最不愿意看到的事情之一莫过于设备的损坏。因为出现这种情况往往意味着要进行停工检修，以及后续检修频率的提高。而大型工业设施的每次维修都意味着企业的零产出和高额的设备启停费用，其中的典型设施有火电站、冶金厂高炉以及地下矿井的采煤机等。为了避免这种情况的发生，企业一方面需要在初始进场时就采购质量比较好的设备，另一方面则需要准备一些质量过关的标准化零件，以便发生故障时能够在尽可能短的时间内完成维修。然而，问题在于目前的零件市场（尤其是通用零件）相对来说非常混乱无序，各种小厂家层出不穷。在这种情况下，区块链溯源可以保证工业企业能够采购到正规厂家生产的高质量设备与零件，从而减少生产过程中发生故障的概率，同时缩短故障的持续时间，最终压缩不必要的运营成本。

第二，在产品销售的收益方面，溯源有助于产品性价比较高的企业打开市场，从而增加销售收入。这方面的典型案例有“区块链 + 农业”“区块链 + 渔业”“区块链 + 畜牧业”。

具体地看，如今随着收入水平提高，人们在饮食方面不仅要吃饱，而且要吃好。而所谓吃好，其中的一个重要方面就是食材的质量与安全问题。由于目前各种食材的生产地和消费地距离很远，消费者对生产者使用的农药、化肥以及运输加工过程中使用的添加剂等信息根本无从了解，信任程度总体来说不高，尤其是近年来的一系列负面新闻更令消费者对食材的信心跌到谷底，有些人甚至不惜花重金从海外买食材自己制作，这对于上游的农业供应商来说是很尴尬的。即使他们大多数都比较遵守规则，可能也会因为个别不法同行的牵连而难以获得下游消费者的信任。在这种情况下，如果他们生产并加工食材的相关数据与信息能够穿透多个环节传递到消费者那里，那么他们不仅因为本土供应商无需承担关税的优势而拥有相对便宜的价格，而且能够证明自身产品的质量确实过关，从而在下游市场占有更多的比重。

6.3 “区块链 + 农业溯源”应用案例

在介绍了对区块链溯源的诞生以及作用之后，我们先具体看一下已落地或正在研发的相关案例。按照前面的行业分类方式，本书对部分相关案例进行了梳理。需要指出的是，因为区块链行业本身还处在非常早的发展阶段，所以很多案例不是特别成熟。我们在观察这些案例时，应带着一种客观审慎的态度来研究。本节主要介绍的是“区块链 + 农业溯源”应用案例。

6.3.1 大米溯源案例

（一）案例介绍

A 农业平台是一个基于区块链的农业行业解决方案，其旨在通过溯源解决食品安全问题，进而实现信息的快捷便利流通以及提高农民的真实收入。该方案利用的物联网设备包括智能化的育苗大棚、水田环节采集设备、虫情测报仪、作物长势监控设备、视频监控设备等，覆盖了粮食生产的各个环节，可采集到空气环境参数、作物生态参数、水环境参数、气象环境参数、视频等多种信息，实时获取的信息直接上链，能够提供真实的第一手数据。种植阶段的这些数据经过离线分析，还会反馈给生产现场，为作物生长提供合适的水、肥等环境。其中，区块链技术解决了以下问题。

（1）食品安全问题：基于区块链，A 平台建立了一套可对产品追踪溯源的体系标准，实现全过程可追踪，运用物联网、区块链、智能制造等技术的组合，保证粮食是放心粮。同时，产生的体系标准可以在其他领域复制和推广。

（2）提高土地经济效益：建立具有可追踪溯源属性的电商平台，区块链技术可以实现从生产到销售、从线下到线上的全程数字化追踪和记录，而且数据难以篡改。通过全过程的数据价值采集和激活，不仅实现产品真实溯源，还将每亩土地产出提升了 1500 元以上。

（3）科研价值：通过项目的落地，农业产业链的相关各方建立了良好的合作平台与沟通机制，为 A 平台的推广以及在其他行业的应用开发积累了经验。

（二）案例方案

下面具体看 A 农业平台的基础架构。在这个平台架构中，其自有的区块链（此处代称为 B 链）处于底层。同时，平台还嵌入了实时计算、大数据处理、人工智能等模块。此外，由于大农场将产生巨大的数据量以及并发数据，因此必须有高效的实时计算和大数据平台来承载对接 IoT。为了让用户更好地认知整个溯源历史，该平台还对大数据做了可视化处理。

为了解决各种数据来源不同、格式不同的问题，A 平台可以支持多种数据源的上链，它们可以是离线数据，也可以是 IoT 设备的数据，还可以是来自其他业务系统的数据等。针对实时数据，B 链提供了实时处理引擎和处理规则引擎，如何计算实时数据，只需要配置处理规则，不需要编写任何代码就能够完成，而且数据处理规则是实时生效的。该溯源平台还能够适应业务字段的变化。因为定义了一套数据规范，所以 B 链的溯源平台可以支持多种行业的产品溯源，如工业产品等。

（三）案例价值

目前，A 农业平台主要用于北大荒高度组织化的“基地 + 农户”的经营模式上，覆盖 3 万多家农户、40 万名种植工人、9 种 IoT 采集标准、112 个电子表单、63 个种植标准、23 个风险点阈值、1639 个细节字段及 55 个关键节点。其中，农业大数据与区块链结合，可有效激活北大荒农业大数据的沉睡价值。具体说明如下。

（1）全流程的关键业务数据上链，做到信息公开透明

A 平台把区块链技术应用到从种植品种选择到最后送达消费者手中的所有环节，包括粮食种植、收割、加工、仓储、运输等。每个环节都有很多细分的过程，每一个过程产生的数据都会记录在区块链中。智能合约会实现每个过程数据之间的关联性，最终生成一个唯一的粮食身份证。

（2）链上链下结合，在确保信息真实的情况下保证品质

A 平台涉及物联网设备采集标准、作业电子表单、种植标准及风险点阈

值，包括细节字段和关键节点。这些流程和标准规范了链下的粮食生产过程，提升了每个步骤产出的质量，如链下粮食生产的质量，也保证了上链粮食数据的品质。

（3）海量数据存储优化，确保系统稳定运行

A 平台可以管理上万亩土地，部署在土地里的物联网设备实时收集不同类型的数据。不同农时作业时产生的数据也会实时上链，产生的海量数据存储到大农场平台的数据仓库。

（4）智能合约让种植生产流程良性循环

区块链整合了各种种植和销售数据，基于这些数据实现的智能合约能够将销售结果反馈到种植环节。优良的粮食品质能够给种植这些粮食的农户带来更好的收益，对改进粮食种植有积极的作用，也能在农资贷款等环节提供数据的支撑，促进粮食种植的良性循环。

（5）共识机制确保数据的一致性并且难以篡改

A 平台底层的区块链技术实现的共识机制包括交易背书、交易排序、交易验证记账等多个步骤，每个步骤都需要对请求进行签名和验证。只有多个背书节点对交易结果进行背书，满足了背书策略，并且在排序服务节点之间达成共识，排序产生的区块通过记账节点验证后才能记录到账本中。任何一个步骤出现错误都会导致交易失败。经过这些步骤后，每个记账节点记录的账本都是一致的，能保证数据的安全性和难以篡改性，让数据更加透明，从而提高消费者的信任度。

6.3.2 畜牧养殖溯源案例

（一）案例介绍

畜牧业区块链溯源是通过对牲畜生命体征监控及数据实时上链来记录牲畜的健康状态、检疫、饲养等基本信息。输入牲畜的ID，可通过链上溯源查看牲畜的基本信息、运动轨迹、近期照片，同时查看链上哈希、区块高度、存证时间等信息。平台通过传感设备采集的数据，对牲畜健康状态进行预警，实现精细化养殖管理等服务。同时，平台借助区块链技术解决了传统溯源系统在信息交互、数据保真、用户可信度方面存在的沉疴弊病，利用区块链平台数据难以篡改的特性，使用户对产品流通各环节溯源校验的信任度大大提升，优化了公众监督的条件，提升了用户感知和溯源行业服务水平。

（二）案例方案

畜牧业区块链溯源平台采用NB-IoT网络，为每一头牛羊佩戴物联网终端，将其作为牛羊的唯一标识，对牛羊从出生到出栏的整个过程（包括牛羊基本信息、牧场信息、牧民信息、生长信息、位置信息、活动轨迹信息、视频图像信息、卫生防疫、检验检疫等）进行全程记录，建立完整的电子档案；借助区块链技术可追溯、防篡改的特性，结合大数据平台能力和深度学习算法，实现畜牧基本信息管理、牛羊实时定位、偷盗报警、轨迹回放、电子围栏、远程看护、健康监测。

养殖企业可开放平台API端口，用于屠宰后肉品溯源跟踪。消费者通过手机终端扫描肉品包装上的溯源二维码，或通过网站、微信公众号、短信、客服等方式，即可实现对产品全程的生态牧场、绿色有机羊生长过程、生产加工、流通销售溯源信息的查看，确认购买的是绿色有机散养牛羊肉。

（三）案例价值

（1）远程放牧

牧主通过准确的定位，可有效防止牛羊走失和偷盗事件的发生，降低牧民、畜牧企业的损失。

（2）绿色溯源

对于养殖企业，平台提供标准化 API 接口。同时，设备支持序列号二维码导出。二维码含设备关联牲畜、检疫、牧民及轨迹等信息的访问入口，用于屠宰后肉品溯源跟踪，保证消费者的权益和肉品安全。

（3）保险理赔

如果已经投保的牛羊发生意外死亡，则结合运动轨迹跟踪信息及拆除报警功能，能够清晰判定牲畜为意外死亡而非人为骗保，有效避免保险理赔纠纷。

6.3.3　食品平台溯源案例

（一）案例介绍

食品区块链溯源平台的目标是以食品安全溯源为出发点，通过区块链技术和区块链治理思想结合的方式，建立一个面向全球的安全可信、可追溯的食品生产和流通体系。其通过“技术 + 制度”的实现方式，将食品原产地的生产企业、加工企业、物流企业、电商平台和销售企业、各类社区以及终端消费者集聚在食品链生态体系中，建立链上和链下共治的食品产业的信用体系。

（二）案例方案

（1）生态服务体系

① 食品防伪溯源服务

通过为广大中小微食品企业提供便利、优质的区块链平台接入服务，并提供公开且透明的防伪溯源信息、数字账户、身份验证、异步通信以及跨越多个 CPU 内核或集群的程序调度，实现多中心化应用的纵向和横向扩展。

② 产地直供服务

通过为中高档小区终端消费者提供绿色、有机、健康、安全的食品直供服务，实现从生产者到终端消费者的点到点（P2P）直供服务。

产地直供平台服务旨在降低管道费用，重构食品供应链生态体系，所有参与的节点企业均享有激励收益，助力开启价值互联网时代。

③ 生态信用网络

通过链上的各个节点对食品行业的绿色生态资源，如林场、牧场、农田、池塘等进行环境监测和流程监控，并将土壤质量、水资源生态数据与土地产权、使用权相联结，同时引入评级评估机构、金融机构对相关资源进行估值和提供资金支持。食品链通过对源头土地及生态资源的确权，最终确保食品溯源上链的安全性，提高农民和相关从业者保护优质土地资源的积极性。

（2）食品区块链溯源平台架构

该平台拥有完全自主开发的底层技术，平台架构设计以数据存证为核心，安全可靠地集成了通过权威第三方测试的超导网络，既保证了上层应用的性能需求，也对接口进行了抽象和封装，支持用户更灵活地构建应用。

（3）平台应用成果

平台已经完成对赣南脐橙、新疆大枣、五常大米、青海黑枸杞、安华云茶等产品的信息上链溯源，正在筹备更多产品的上链溯源。而且，平台以这些产品及企业为基础，逐步构建了食品行业信用体系，旨在解决食品安全问题。

（三）案例价值

该平台将食品行业的各个参与者联系起来，在全球共同分享溯源数据，为食品安全提供科学依据，共同监督流通环节；运用物联网和区块链技术，实现数据链下可信采集与链上难以篡改，确保食品生产流通全流程的安全可靠。其基于区块链技术进行点对点交易，省略第三方、第四方甚至第五方广告代理公司，摆脱中间环节机构，降低企业流量成本；凭借自身优势为食品建立起一套完整的身份机制，在食品溯源和查询时对食品质量给出可信赖的判断，不再需要第三方认证机构或权威中心对食品进行鉴定和认可，削减这个环节的成本，从而降低整体交易成本。

在发生食品安全事故时，区块链网络可以在短时间内追踪到受污染食物的来源，精准召回不合格的批次产品，避免下架所有的同类产品，有效地节约了人力、物力和财力，提升了企业的业务效率，增加了企业收益。最终，通过联通大型物流企业、供销社、大型电商和高档生活社区，为农民提供多样化的直销模式，在发展绿色食品产业的同时实现精准扶贫，有效增加农民的收入。

6.3.4 苹果溯源案例

（一）案例介绍

甘肃天水花牛苹果是与美国蛇果、日本富士相媲美的世界三大著名品牌名果之一。但是，目前市场上存在大量假借天水花牛苹果以次充好的售卖现象。为了重塑并扩大天水花牛苹果的品牌形象及影响力，甘肃天水市林业局与某区块链技术公司合作，提供了基于区块链的果品溯源产品，让生产者、供销商及消费者等主体可以看到每一个果品的生产销售过程，让果品从生产到销售环节都做到流程透明。各参与节点将其采集的数据记录到区块链的共享账本中，实现果品上下游企业全部纳入追溯体系，构建来源可查、去向可追、责任可究的全链条可追溯系统。

（二）案例方案

在天水花牛苹果案例中，区块链平台应用了一物一码、分布式身份标识（DID）等诸多技术，为果品的全流程溯源提供了坚实的底层技术支撑。其中，“一物一码”是指在苹果上通过日晒形成独一无二的二维码标识，实现了果品与数字身份的一一对应。用户通过手机扫码，可以查看苹果的区块链证书，从而获取苹果的生产和物流的相关信息。分布式身份标识和可验证声明技术则为每一件产品注册唯一的 ID，将产品信息写入 ID 描述文件中。各环节参与方通过 ID 为产品签发和校验可验证声明，实现天水花牛苹果全生命周期信息可信上链。

（三）案例价值

（1）苹果关联数据上链，信息可追溯

通过区块链难以篡改、可追溯的特性，各参与节点对苹果原产地、植保、采摘存放、品检、包装、物流等每一个环节的具体信息进行上链，记录在区块链的共享账本中，并提供专业的电子存证证据，让每一个天水花牛苹果都有“身份认证”。

（2）积极响应精准扶贫号召，提高农民收入

果品相关信息全部上链，打破了传统生产、销售、消费等环节的信息不对称现象，减少了批发商、渠道商、零售商等不透明的利润分成，最大额度地让利给农民，让农民提高收入，成为积极响应政府精准扶贫号召的创新型举措。

（3）提升消费者满意程度，保障消费者权益

为消费者提供果品信息溯源、产品真伪查询的平台，保证信息透明，保障消费安全，让消费者购买和食用更放心。

（4）创新监管机制，提高政府公信力

将天水花牛苹果的品牌优势和区块链技术的优势相结合，让品牌感染力和用户的满意度都得到了提升；协助政府制定相应的管理标准和规范，创新监管服务机制，通过共建产品溯源示范区帮助政府提升了质量监督管理效率，提升了公信力。

注：本案例来源于中国信息通信研究院可信区块链推进计划《区块链溯源应用白皮书（1.0 版）》。

6.4 “区块链＋知识产权溯源”应用案例

在近些年的国际竞争中，从美国发起的301调查到频频发生的专利纠纷，各国经常会不约而同地举起知识产权这个“武器”。可以说，知识产权在一定程度上代表了一个国家或一家企业的科技水平。目前，专利质量参差不齐，版权、商标侵权现象严重。如何更好地杜绝侵权行为，鼓励大家创造更有价值的知识产权，是一项紧迫且严峻的任务。通过建设基于区块链的溯源系统，可以在知识产权源头存证、确权，在运营和维权阶段正本清源，进而提高知识产权创造的积极性和运营效率。

6.4.1 图片溯源案例

（一）案例介绍

“B平台”是某互联网公司推出的原创图片服务平台。该平台采用自研区块链版权登记网络，配合可信时间戳、链戳双重认证，为每张原创图片生成版权DNA，真正实现原创作品可溯源、可转载、可监控，进而为原创生产者提供版权认证、分发传播、变现交易、监控维权以及IP资产管理的全链路服务，在提升版权确权和维护各环节效率的同时重塑版权资产价值链，帮助版权人获得多元价值。

（二）案例方案

具体地看，B平台的基础架构可以分为三层。

（1）基础层

基础层基于该互联网公司内部的联盟链技术构建版权链，用于记录版权行业登记确权、维权线索、交易等需要公信力或透明性的信息。版权链由该互联网公司、内容机构、确权机构、维权机构等节点共同维护，并且和账本同步，具有一定的公信力。庞大的版权内容信息存储在该互联网公司的分布式存储系统中。版权链和分布式存储系统中的内容可相互关联访问。

（2）服务层

服务层构建搜索、盗版检测等基础服务。其中，搜索是指针对上链的版权内容，根据资源类型构建文本、图片、视频等多种类型的搜索系统，为原创内容购买者提供需求匹配的便捷入口；盗版检测则是指基于该互联网公司强大的技术背景和丰富的网络资源，利用成熟的分布式爬虫系统对全网资源进行采集。基于 AI 技术，构建文字、图片、视频的重复检测系统。利用强大的算法和过硬的技术，即使部分修改了内容也能被追踪和发现。

（3）平台层

平台层为内容生产者提供登记确权、分发交易、维权保护等核心产品功能。B 平台以区块链技术为基石，将人工智能、分布式存储、分布式爬虫、图片检索、大数据和云计算等主流技术结合起来，使系统具备了区块链版权登记、图片检索、图片智能识别与推荐的能力，逐步打造完整的版权登记、版权分发结算、版权监控维权的体系。

（三）案例价值

图片版权行业由图片的生产者、用图方以及代理机构组成。当前行业各方的痛点如下。

对于图片的生产者来讲，图片版权市场的信息不透明、不对称，盗版现象猖獗且屡禁不止，维权、确权成本较高成为他们难以跨越的鸿沟。因为信息不透明、不对称，他们难以判断自己作品的价值；同时，由于维权、确权成本较高，他们面对猖獗的盗版现象只能望洋兴叹。这在很大程度上扼杀了他们的创作热情。

对于自媒体平台、作者、站长或商业产品等用图方来讲，用图成本高，图片全面性、时效性、本土化不足，版权界定模糊，都是让他们头疼的事情。也就是说，他们会承受花高价却买到盗版图的风险。这也在一定程度上打击了他们尊重版权的积极性。

对于代理机构来讲，销售图片的售卖渠道难以扩展、行业整体技术缺失是其面临的首要困难。

综上所述，各方的核心诉求均体现在需要一套安全可靠、信息透明、供需直接对接、维权确权流程优化的体系来解决行业的痛点。区块链具有公开、透明、永久保存、难以篡改等特点，与版权保护的场景非常契合。

6.4.2 地理标志产品溯源案例

（一）案例介绍

地理标志产品是指产自特定地域，所具有的质量、声誉或其他特性本质上取决于该产地的自然因素和人文因素，经审核批准以地理名称进行命名的产品。因此，本地的地理商标注册成功，就等于为城市贴上了一个标签，有了“名片”，便能大大增加当地品牌甚至当地的知名度。打响了知名度，无论是企业还是当地经济都会得到飞跃般的提升，但也会因此引来更多的造假者，对地标企业和当地品牌造成很大的困扰。

对于这种情况，地方政府和企业每年都需要付出高昂的费用。通过建设溯源系统，对地理标志产品溯源溯真，增加造假难度，在一定程度上可以解决地标产品造假的问题。但是，传统的溯源解决方案有一个特点，即其系统由一家企业建设，数据存储在一个中心的系统中，数据不具有权威性和可信度，系统维护商可以随时修改溯源数据。因此，中心的溯源系统便会成为一个新的权力中心，滋生腐败，而通过建设基于区块链的溯源系统可以解决上述问题。

（二）案例方案

面对这个问题，D 公司创建了基于区块链的地理标志产品溯源平台“D 平台”，旨在为行业内的企业和个人用户提供一个公平、透明、互信的价值网络，提升行业的发展效率。该平台由三层组成，底层为知识产权产业公链，中间层为行业定制化的溯源平台，上层为面向用户的 DApp。

具体的操作方案如下：首先，溯源平台封装了上链细节，为用户提供简单、易用的 API，用户可以很容易接入和获取溯源信息；其次，溯源平台提供定制化服务，用户可以自定义溯源流程、信息、规则；最后，溯源平台降低了溯源接入门槛，使溯源工作不再烦琐，信息记录、检索都提供 API 和 UI 接口，实现零代码接入。

对于需要进行数据上链的用户而言，通过相应 DApp 扫描产品识别码（二维码等）即可获得授权进行溯源数据上传，通过企业 ERP、供应链等系统调用平台提供的接口也可以上传数据。用户通过相应的 DApp 扫描产品识别码，即可获得产品的原材料、生产、加工等原始信息，从而判断产品是否为真。

（三）案例价值

基于区块链的地理标志产品溯源平台可通过数字身份认证确保上链数据的来源可靠，通过智能合约预设产业链流转流程，智能判断上链逻辑是否正确。

6.4.3 电信数据溯源案例

（一）案例介绍

目前大数据在交易和共享过程中存在被第三方复制、留存、转卖的风险，并最终导致数据权属不易证明，各方权益无法得到保障。例如，数据提供方担心使用方获得数据后未经许可传播给其他人或非法组织牟利，造成数据泄漏；数据使用方担心买到的数据是非法数据，会引起法律纠纷。为了解决在大数据交易和共享过程中数据权属和溯源的问题，需要构建一个可靠的系统为交易和共享的参与方及数据提供保障。

（二）案例方案

L 公司基于区块链研发了“L 大数据溯源系统”，其以区块链和数字水印作为核心技术，实现数据的起源、路径管理和权属证明，不仅对数据提供方和使用方进行了确权鉴定，也对数据的流转和交易过程提供了可信的路径记录和查询，为大数据流通共享和交易提供了技术保障。

该系统的技术架构总体分为五个部分，分别是平台管理、技术层、功能层、表示层、数据接入。

（1）平台管理：对整个系统进行用户身份、行为的管理和审计，对系统运行状态进行监控和警告。

（2）技术层：依赖的底层技术包括区块链和数字水印技术。

（3）功能层：针对确权和溯源两个目标实现系统的主要功能。

（4）表示层：为不同角色的用户提供多个维度的数据视图，帮助了解数据质量和使用情况。

（5）数据接入：主要负责数据的交互接入。

该系统从以下四个方面完成数据的确权和溯源。

（1）节点管理：联盟链的各个节点经过平台认证授权，在审核通过后才能加入或退出网络。各机构组成利益相关的联盟，共同维护系统的健康运转。

（2）确权管理：建立数据提供方和使用方的身份标识，对流转的数据建立唯一标识，按用户角色和数据的类别及级别建立相应的权属映射关系，将该映射关系构成区块并广播到全网。

（3）溯源管理：不同角色的用户可查询当前区块链上的用户和数据的关系，也可按数据的标识查询数据的使用和流转情况。

（4）水印管理：对流转数据进行特征识别，并对数据使用方的身份信息和数据标识生成数字水印，加注到流转的数据中，实现链上权属关系与链下数据的关联。

通过以上四个方面，联盟链将各方与数据的关系形成映射并广播至整个网络，以数据的唯一标识作为交易对象，将交易记录进行广播。同时，为实现链上权属关系和链下大数据的关联，使用数字水印技术将交易用户身份和数据标识隐藏写入大数据中。当需要进行用户与数据的确权证明时，可通过查询链上记录，同时识别大数据中的数字水印信息，进行比对验证实现证明。

（三）案例价值

（1）数据确权

将数据提供方和使用方的身份信息以及数据标识生成数字水印后隐藏在大数据中，并将相应的提供方和使用方对数据的权属关系进行上链。通过区块链难以篡改、去中心化的特性，保证数据提供方和使用方对数据权属关系的可信性。

（2）数据溯源

利用区块链的可追溯特性，对数据的流通路径进行查询追溯，或对数据的提供方和使用方进行追溯。当发生数据泄露或恶意传播时，可追溯数据泄露者。

（3）促进大数据流通和交易

通过区块链与数字水印相结合，从技术手段上解决数据确权和溯源的可行与可信的问题，将极大地促进大数据流通共享和交易，使数据提供方和使用方都更有依据、更有信心地进行数据流通、交易和使用。

注：本案例来源于中国信息通信研究院可信区块链推进计划《区块链溯源应用白皮书（1.0版）》。

6.5 “区块链 + 供应链溯源”应用案例

在实体产业中，产品往往要经过原材料采购、加工、生产、质检、物流等大量环节才能到用户手里，这些环节是以离散、孤立的状态保存相关信息，因此很容易造成彼此间信息流转不畅的“信息孤岛”现象。在当前经济一体化的背景下，产品流通往往呈现出跨区域（甚至跨国）、周期长等特征，加剧了信息不透明的状况。利用区块链将供应链的各参与方连接起来，进行安全的实时数据共享，可实现正品溯源、有效监管、提高供应链效率等目标。

6.5.1　危化品信息流溯源案例

（一）案例介绍

在供应链中，由于涉及的参与方往往是具有不同经济利益的独立实体，因此企业之间很容易形成“数据孤岛”，利益上的彼此冲突常常会导致成员之间产生互不信任，造成各自为政的局面。事实上，这种情况不只发生在企业之间，也发生在同一家企业的不同部门之间。例如，国内一些大型零售企业仍然是“小作坊”的管理模式，各个部门单独进货，各有各的进货渠道，这不仅提高了进货成本，而且使企业整体失去了抵御市场变化的能力，没有发挥资源复用的优势。

供应链系统的地域和时间跨度大，对信息化的依赖程度很高。其连接多家生产企业、运输企业、配销企业、采购企业及用户，如果多个参与方能够共同使用一套可信的账本数据，将会减少企业对数据的信任成本。区块链正是实现供应链整合的理想技术。

（二）案例方案

对于上述行业痛点，F 公司发布了一套针对危化品供应链的区块链解决方案。该方案整合了全流程信息流，产品在工厂出产并检测质量无误后，即为产品绑定了基于区块链的唯一数字 ID，在其流通渠道上配备物联网设备，以保证全流程数据的透明可信。同时，在经过危化品鉴定、海关等部门检测后，把检测报告信息加密存储在区块链中，并使用零知识证明、CL 签名等方式让指定验证方有权查看报告，同时保护数据隐私和安全性。

由于物流信息化技术的完备，在海陆物流运输途中，可通过传感器设备实时监控温度、湿度等数据，保证货物的相关指标处在合理区间内，并将物流状态信息、地理位置、证书等数据上传至区块链。采购企业在货品核验时，可查验货物从出厂到收货的全流程、多维度的可信数据，通过区块链的技术背书而非人为信任，辅以物联网技术，保证了原始信息数据的真实可信，以及物品与信息数据的一一对应，从而极大地增加了生产企业的作恶成本，同时降低了采购企业和全社会的信任成本。

6.5.2 跨境商品溯源案例

（一）案例介绍

相比国内商品的供应链而言，跨境商品的供应链更加复杂。从原产地工厂到代理商，从海外仓、原产国海关、国际物流、国内保税区、保税区海关，到国内物流、快递配送，再到消费者手中，中间经过了大量的环节，参与方众多，流程长，信息不对称的情况更加严重。这也造成了跨境商品容易造假、供应链效率低下等突出问题。

针对这些情况，M 公司搭建了跨境商品供应链网络“M 平台”，跟踪进口商品全链路，将众多海外品牌商、海外质检、中检集团、跨境电子商务商品质量国家监测中心等机构引入进来，汇集生产、运输、通关、报检、第三方检验等信息，给每个跨境进口商品打上“身份证”。消费者只要扫描商品上的二维码，即可查询到跨境商品的完整信息，包括商品详情、质检报告、供应链溯源等，从而确保自己买到的商品是正品，买得放心。数据显示，目前 M 平台已覆盖奶粉、保健品、化妆品、汽车用品等品类，未来将覆盖全球 63 个国家和地区、3700 个品类、14500 个海外品牌。

（二）案例方案

M 平台的参与方包括原产地企业、海外质检、海外仓、保税仓、国内质检、天猫国际、菜鸟物流等机构，境外的共识节点部署在澳大利亚。其海外商品经过张贴或印刷定制的二维码，实现对商品“一物一码”的唯一标识，同时将商品二维码与质检的检查单位和物流的运输单位进行关联。商品在流转过程中，由各对应主体将操作信息使用标明身份的“私钥”进行数字签名并附上时间戳写入区块链。一旦写入区块链，相关数据即难以篡改，不可抵赖。消费者收到商品后，使用手机扫描二维码，收到提示后刮开二维码上的暗码并输入，即可查询到跨境商品的全流程溯源信息。

（三）案例价值

（1）商品防伪

商品经过“一物一码”的标识，并且将全过程流转的信息写入区块链。区块链上的信息不能随意篡改。商品从生产到运输再到最后销售，每一个环节的信息都被记录在区块链上，这样可以确保商品的唯一性。造假商品很难具备合乎特定规则的商品标识和全流程溯源信息。

（2）有效监管

从生产到销售，每一个环节的主体都以自己的身份（私钥）将信息签名写入区块链，信息难以篡改，身份不可抵赖。万一出现纠纷，当事人可以很快地定位出问题的环节，从而进行举证和追责。

供应链协同区块链上的数据高效地在跨境商品供应链的不同参与主体之间共享，做到统一凭证、全程记录、及时高效，能够有效解决多方参与、信息碎片化、数据流通难等问题，降低供应链成本，提高效率。

6.5.3 冷链溯源案例

（一）案例介绍

冷链是特殊的供应链系统，泛指在冷藏冷冻类食品药品的生产、储藏、运输、销售等各个环节中，将系统始终保持在规定的低温环境，以保证商品质量的一套系统工程。针对传统的冷链中标准不一致、无法体系化，以及原材料提供商、生产厂家、物流方等多方彼此隔离、难以互信的难题，Z 公司和某大型肉类协会及某大型冷链公司合作，分别提供针对各自业务特点的解决方案，打造了基于区块链的全程冷链溯源平台“Z 平台”。

（二）案例方案

Z 平台采用了区块链、RFID、云计算、大数据等技术手段，其主要包括以下功能。

（1）可信溯源

Z 平台打造的冷链溯源生态体系将冷链关键环节的各方作为节点，实现生产、仓储、批发、零售等各个环节的生产数据、产品数据、卫星定位数据、冷链物流数据，以及物流运输过程中温度、湿度、光线等数据经哈希计算后全程入链存证，打造可信存证基础设施平台，为溯源提供可信的数据支撑。

（2）实时监控

在冷链商品的流通过程中，对流通领域的温度、湿度等信息进行全天候的实时监控，严格将冷链商品的环境参数控制在规定的范围内。

（3）预警管理

在冷链商品运输中，一旦发现环境中的温度、湿度等参数超标，系统会自动对异常情况进行预警，及时采取有效的防范措施。

（4）查询服务

平台面向各方用户提供高效查询服务，可面向生产商、经销商、零售商、终端消费者等提供不同类型的信息查询服务，让经销商实时掌握冷链商品运输中的状态，让终端消费者买到放心商品。

除了以上功能之外，平台还提供运输过程中的冷链商品交接管理、实时 GPS 定位、报表分析及管理、用户管理、资产管理、产品档案管理、人员身份管理等功能。

冷链物流中的温度和时间是必须考虑的两个重要因素，且贯穿储藏和配送的整个过程中。系统基于 RFID 及传感技术进行冷链物流环境监测，可实时监测物品在储藏、运输阶段的环境参数，并通过监控中心判断是否符合标准，以便及时调整，减少损失。其采用 RFID 标签取代传统的环境监控方法，标签内部装有 RFID 芯片、温度传感器、湿度传感器以及光线传感器。将标签安放在合适的位置后，传感器将实时采集所处环境的温度、湿度、光照信息，并将信息写入标签的芯片内，按规定的时间间隔将信息传输到阅读器中。阅读器通过无线网络上报到监控中心，由监控中心存储并分析收到的数据，如有异常情况，则及时报警，采取措施。其过程中所有的温度、湿度及光线信息全程入链存证，防止数据被删除和篡改，为冷链溯源平台提供了可信的数据支撑。

（三）案例价值

Z 平台在建设过程中打造可信冷链溯源联盟链，将生产企业、冷链物流公司、监管部门、冷链仓储机构、监测机构等纳入联盟网络，通过区块链网络进行数据共享和传输，保障各方信息实时同步，有效避免了由于信息造假、篡改等问题为平台带来的失信隐患，打造了各方互信共享的可信冷链溯源生态。

注：本案例来源于中国信息通信研究院可信区块链推进计划《区块链溯源应用白皮书（1.0 版）》。

7
CHAPTER

第 7 章　区块链应用案例——行业视角（区块链金融）

7.1 区块链金融：最容易数字化的行业

我们从诸多案例分析中不难看出，看似单调的溯源在为各行各业开源节流方面，理论上确实可以起到一定的作用。但是，如果区块链的定位仅仅是作为互联网的补充，让其做一些后者此前未能做过的事情，未免有点低于人们的预期。事实上，区块链技术之所以能吸引这么多的关注，一个重要的原因还是从业者对其落地场景与技术定位进行了一定幅度的延伸，进而为人们带来了更大的想象空间。延伸的具体方向如下。

首先，在“实体产业线”上，虽然区块链本身是去中心化互联网，但它必须摆脱自己作为中心化互联网补充的定位，努力寻求此前中心化互联网从未尝试涉足的一些领域。在这方面，手机就是一个典型的案例。最初，手机就是为了弥补固定电话难以携带的缺点而出现的移动通信工具，因此其英文翻译是“mobile phone”（可移动电话），而日文翻译则是“携带电话”，可以说与区块链被定位为中心化互联网的延伸有异曲同工之效。然而，对于大多数人来说，现在的手机早已经超越了便携式通信工具的意义，它不仅是一个移动电话，更是一个游戏机、电影院，甚至ATM。通过涉足这些此前固定电话从未接触过的领域，手机制造商成功地使人们花在手机上的时间越来越长。而手机也从最初相对边缘的日常电器，变成了数字时代人们生活的重要工具。

其次，在“数字技术线”上，人们要基于区块链原有的信息极难篡改特性，让更多数字技术在其基础上生根发芽。正如区块链行业在刚出现时，其解决方案的场景被限制在溯源领域，归根结底还是由于人们在产品设计与行业展望的过程中存在思维因果链比较短的现象。也就是说，人们只能思考到“不可篡改—确保信息精准度”这个环节，然后就开始围绕“确保信息精准度”做文章，而没有想到在“不可篡改—确保信息精确度”的基础上还能不能长出新的逻辑链条，从而在新的逻辑环节上开发产品。而这正是区块链技术解决方案最需要的。

在这种情况下，人们在原有的区块链技术之上实现了一个重大的突破，那就是将智能合约技术与区块链结合，进而突破了“不可篡改—确保信息精准度”这个环节，实现了人们现今都十分熟悉的“不可篡改—确保信息精准度—智能合约的可信运行环境”组合，使交易交涉有了自动化进行的可能性。区块链技术应用的落地场景也由此迎来了大的扩展与突破，并触及了一个此前传统互联网未曾深度涉足过的领域。

然而，正如同发现电磁感应原理不代表社会立刻就进入电气化时代一样，虽然智能合约被证明可以在区块链上实现，但不代表人类立刻就能进入经济运行自动化的时代。使用数字技术的机器系统如果想在经济社会中发挥作用，既需要信任的基础，又需要信道的通畅。虽然区块链技术解决了社会中利益主体之间的信任问题，但是在信道设施的缺失上却无能为力，因此很多物理世界的行为无法被映射到数字世界，这也是为什么目前区块链技术在很多领域难以落地的重要原因。不过，在众多行业中，有一个垂直领域却颇为出人意料地率先与“区块链 + 智能合约”实现了结合，而且具有很强的可行性，这就是金融。

自从 2014 年前后区块链被提出以来，它似乎天生就携带了金融的基因。最初，人们认为这主要应归因于区块链的首款前端应用——以比特币为代表的“数字货币”，其金融特性给很多人留下了“区块链是一种金融科技”的感觉。然而，随着联盟链的出现，人们发现即使没有比特币的存在，区块链依然和金融有着密切的关系。例如，近年来腾讯与京东最重要的区块链应用就是财务场景中的区块链发票。

为什么金融财务会成为区块链最先落地的领域呢？要回答这个问题，我们需要跳出“区块链”本身，转而观察金融这个产业。纵观整个数字领域，即使在传统的互联网行业，像汇款和财务这样的金融业务也是最先与互联网结合的行业之一。其中的原因很简单，即资金流动的本质不是物资的转移，而是信息的传递。

为了方便各位读者理解，这里举个例子。假设 A 与 B 进行交易，A 向 B 转账 100 元，这个资金流动的过程其实不是像其他物流一样真的有货物在运输，而是 A 与 B 的银行账户数据库中的信息发生了改动：A 的银行账户中减去 100 元，B 的银行账户中加上 100 元。也就是说，所谓资金流动，本质不过是信息变动而已。这种现象其实是人类跨地区资产保管能力提高（锚定资产相同，银行信息互通）和信息记录存储能力（手机等移动记录工具普及）与活动范围实现匹配的一个结果。

事实上，我们回顾金融历史便不难发现：在人类发展的早期，个体活动范围极为有限的情况下，一些部族内部其实就是按照这种方式进行价值转移的。例如，知名的“雅浦岛石币”案例——人们不会真的扛着石头去买东西，而是会在石板上进行相应的信息标记，表示所有权的易手，这和现在的电子汇款有异曲同工之处。毕竟石币就保存在岛上限定的地点，而且居民的活动范围也是被狭小的海岛所局限。

这样看来，我们现在所熟悉的实物货币和纸币的交易模式，其实更像是人类在资产保管能力和信息记录能力没有跟上活动范围扩张速度的情况下的一种临时手段。例如，18 世纪时，一位欧洲商人如果想到亚洲去做生意，由于跑得太远，已经超出了欧洲银行的业务覆盖范围，因此必须携带大量的黄金，否则无法证明自己拥有足够的购买力。而随着全球化的推进和手机移动支付的普及，这两个问题都已经得到了解决：银行里的财富可以在全球任何一个有网络的地方得到承认，用户也可以随时随地通过手机钱包来修改自己账上的数据。

毫无疑问，“资金流 = 信息流”的本质，使金融成了与互联网、移动互联网、区块链等数字技术最先结合的细分领域。毕竟互联网技术就是为了解决信息不对称的问题而诞生的，因此进行账本信息的修改也没有太大难度。所以，我们可以看到资金在互联网上的流动几乎无需任何专用硬件，仅仅依靠手机、电脑这样的通用设备，以及包括网关在内的一些安全设施就可以轻松完成。事实上，纵观互联网行业的发展，我们不难发现：在早年网址之家、搜索引擎、聊天软件等信息交互类产品大行其道时，电商支付因为实现了与物理世界的交互，给人一种助力实体产业的感觉，但实际上电商支付业务的本质也是信息交互，相关企业的创始人看清了货币与财富转移其实就是可以高度电子化的账本修改，而实物类钱币存在的必要性正在逐渐降低，所以研发出相关的产品，并带给人们一种全新的感受。

在了解了为什么"区块链＋智能合约"最可能通过金融行业助力产业经济之后，我们来看相关的案例。笔者在前面已经提到过，智能合约的主要体现就是经济社会中交易与交涉行为的自动化。所以对于金融行业来说，它与"区块链＋智能合约"的结合，大部分体现为"if-A，then-X给Y转账"的范式。其中，A一般为金融行业中比较烦琐冗余的、可以电子化的多个步骤。具体地说，"区块链＋智能合约＋金融＋实体产业"的组合方式包含了以下几种。

（1）跨境支付

有过商品外贸经验的朋友们应该都有所了解，高昂的手续费和漫长的转账周期一直是跨境支付的痛点。这不仅事关一个国家外汇管制政策，而且因为现有的跨国转账网络是一个非常低效的组织。人们需要经过代理行建立关系，例如，欧洲的代理行要通过欧洲SEPA转账系统进行转账。同时，中间方之间也需要相互建立信任关系。中间代理层级多就产生了延时问题，因此跨境汇款经常需要2～3个工作日，资金的流动性由于延时也就大幅度下降。而"区块链＋智能合约"的组合使银行和银行之间可以直接打造点对点的支付方式，省去了第三方金融机构等中间环节，通过智能合约来制定个性化的放款条件，一旦条件触发便可以实现资金流动，从而实现全天候支付、实时到账、提现简便以及没有隐形成本，有助于降低跨境电商的资金风险，满足便捷性需求。

（2）资产证券化

资产证券化是目前人们已经非常熟悉的一种金融操作，而其与区块链也存在很大的结合空间。需要指出，这里的"结合"不是将资产通证化，而是利用智能合约实现加速清偿和违约事件的实时判断。也就是说，如果有底层资产的财务动态表现触发了加速清偿或违约事件等条件，合约条款将被自动强制执行，并将加速清偿或违约事件实时通知各方，使处置工作能及时和透明地开展。例如，在循环期内，如果底层资产余额连续30日未能达到特定阈值，此时智能合约将自动执行，触发加速清偿事件，并提前进入项目摊还期。而且，项目参与方——计划管理人、托管机构、资产服务机构都将同步接收到加速清偿通知，并同步启动相应的流程。智能合约还可以辅助计划管理人实现每日循环购买、自动对账，简化投后管理工作，缩减管理成本，提高运行效率。

（3）保险行业的自动化赔付

虽然随着时代的发展，人们对保险行业的偏见已得到较大改善，但偏见背后仍然折射出一个现实，那就是我国的保险赔付占灾害损失比重远低于国际上30%的平均水平。其中的原因与传统保险的加入、举证、验证成本都有很大的关系。尤其在出现重大责任事故后，本来寄予厚望的保险公司居然拒绝赔付，自然让人们对这个行业的好感直线下降。智能合约的出现则有望让被保险人摆脱这个限制，只要理赔条件触发，赔付与放款过程就会立刻由区块链的智能合约来执行，无需任何中心化机构的审核。例如，对于乘飞机的延误险，当投保乘客信息、航班延误险和航班实时动态均以智能合约的形式存储在区块链中时，一旦航班延误符合赔付标准，赔偿款将自动划账到投保乘客的账户，保单处理十分高效，保户不需要和工作人员费口舌举证、争论计赔时间等问题；对于车险，智能合约可以记录相关政策、驾驶记录和驾驶员报告，如果相关车辆在发生事故后满足理赔的相关条件，智能合约将会立即执行索赔。

7.2 区块链金融应用案例

目前，有一些企业已经着手将区块链应用于金融，尤其是供应链金融，并针对各类场景提出了相应的应用方案。除了对现有商业模式、交易流程的简单改造之外，更有一些公司抓住行业痛点，大胆地在区块链技术的基础上，结合资产、交易和法律等要素，构建新流程和新型生产关系，创新交易模式和信用模式。在本节中，我们总结了目前一些区块链在供应链金融领域的落地与推进案例。和前面一样，我们在观察这些案例时不是将其作为一个理想的范式，而是要观察目前区块链金融应用的落地情况，以及其中存在哪些可提升的空间。

7.2.1 W链供应链金融服务平台

（一）案例介绍

W 链平台是基于区块链技术打造的供应链金融服务平台，其通过区块链连通供应链中的各方企业和金融机构，完整、真实地记录核心企业应付账款的上链、流通、拆分和兑付情况。由于区块链上的数据经多方记录确认，难以篡改、不可抵赖、可以追溯，因此可以实现应收账款的拆分转让，并能够全部追溯至登记上链的初始资产。其中，在原始资产登记上链时，通过对供应商的应收账款进行审核校验与确权，确认贸易关系真实有效，以保证上链资产的真实可信，并实现核心企业对多级供应商的信用穿透。此外，平台还与多家金融机构进行合作，提升资金配置效率，支持小微企业基于供应链进行融资，降低融资成本，深度盘活金融资源。

在实际操作中，人们需要将一级供应商与核心企业之间的应收账款通过资产网关进行全线上化电子审核，确保贸易背景的真实性。核心企业对该笔应收账款进行确权后，再进行数字化上链，形成数字债权凭证，后续可以将该凭证在 W 平台中进行拆分及转让。每一级供应商均可以按业务需要选择持有到期、融资卖出或转让来满足自己的资金需求。

（二）案例方案及亮点

第一，设计资产网关角色，解决了链下资产与链上资产的对接问题。让资产网关这个第三方充分发挥对链下资产的审核和见证作用，同时在资产发行前联合核心企业在链上做确权登记，确保供应商拿到的数字债权凭证是一笔真实的、可兑现的、经过数字签名确认的有效资产。

第二，资产转让过程中链上签收环节采用了多重签名的中间账户技术，让数字化的资产从 A 账户先流转到一个 A、B 均可花费的 Mid（AB）账户。当 B 签收时，实际上就是从 Mid（AB）转让到 B 的私有账户，同时在链上留下了 B 的私钥签名记录；当 B 拒签时，实际上就是从 Mid（AB）转让回 A 的私有账户，同时在链上也留下了 B 的私钥签名记录；当 A 需要撤销转让时，实际上就是从 Mid（AB）转回自己的私有账户，此时在链上留下的是 A 的私钥签名记录。这个过程实现了任何一个关键的操作在区块链账本中都对应一条签名记录。而区块链的难以篡改性又保障了记录一旦生成就无法抹除和抵赖的证据真实性，用数学的严谨性和逻辑性提供不容质疑的见证效果。

第三，应收账款实际上是一种非同质的资产，A 产生的数字债权凭证不能与 B 的数字债权凭证用数学的加法混在一起记账，因为这两个凭证可能来自不同的核心企业，兑付日期和风险等级不同。UTXO[①] 模型天生具有一对多的映射能力，多笔输出可以对应同一个账户，各有各的输入和流水记录，但花费条件可以相同。因此，在区块链记账模型上，平台放弃账户而采用了 UTXO 模型。

第四，在兑付环节设立独立的资金清算节点，在数字资产到期后直接在链上完成付款动作，任何一笔付款及其结果都在链上产生记录，实现了资金流和信息流的对接。同时，引入过桥基金进行秒级放款，可以令供应商在申请融资时省去等待金融机构审核资料的时间，迅速满足融资需求，真正实现"区块链技术能够帮助小微企业实时放款到账"的愿景，提升数字债权凭证的便利性与可用性。

第五，全线上化操作。平台采用全线上化操作，可在移动端微信小程序或 PC 端完成业务操作。由于区块链账本的难以篡改、可追溯性，W 平台中的企业在向金融机构申请融资时，可依据金融机构的要求，选择性开放及上传支持融资所需要的贸易背景信息和文件等，避免产生大量的纸质文件和操作审核时间。

（三）案例价值

W 平台的价值体现在供应链金融领域的方方面面，无论是小微企业、核心企业，还是金融机构都能从中受益。

① UTXO 是指"未消费的交易输出"，可以理解为交易过程中的一个数据结构。UTXO 是一个包含交易数据和执行代码的数据结构，可以通俗地理解为某仓库（某地址）已经收到的，但是尚未花费出去的账款。

对于小微企业来说，W 平台具有以下价值。

（1）融资成本显著降低，实现秒级放款。通过该模式，可以显著改善小微企业的融资困境。由于商业银行提供信用额度不是基于供应商自身，而是基于核心企业，因此二级及多级供应商能够以更低的融资成本获取金融服务。同时，通过引入过桥基金，小微企业可在常规融资渠道之外选择秒级放款服务，优化体验。

（2）凭证上链便捷，可分拆转让。凭证上链流程全线上化，无需线下提交资料，真正实现无论“你在哪”都可受益于区块链技术带来的普惠金融成果。数字债权凭证支持自由拆分，分享核心企业信用，无需提供多种贸易背景资料层层审核。

（3）移动端操作，可快速接入。供应商可支持全程微信小程序操作，注册即可加入，业务接入零成本，全线上化操作，无需面对面开户、提交纸质资料等烦琐流程。

对于核心企业而言，W 平台具有以下价值。

（1）优化账期，改善现金流与负债表。通过 W 平台，供应商能够以更低的成本进行融资，时效性大大增强。因此，核心企业能够优化账期，减轻贸易谈判与兑付压力，改善自身的现金流与负债表。

（2）提升供应链效率，加强供应链管理。通过区块链连接多层供应商，以自身信用支持上游小微企业，帮助供应商顺利开展生产，扩大规模，体现社会责任。同时，还可结合大数据能力，对上游企业进行画像，加强质量管控、风险防范等，优化供应链管理。

（3）低门槛获得投资收益。节省研发成本，通过财务安排及集团金控公司参与供应链业务，提升企业盈利能力，在获取无风险收益的同时扶持供应链企业共同发展。

（4）在线确权，分享服务收益。线上注册及确权操作，无需线下烦琐的盖章审批流程，可有效防止票据及合同造假，更可分享服务收益。资产到期仅需一次打款，依托腾讯财付通的清算能力，无需层层清算。

对于金融机构来说，W 平台具有以下价值。

（1）获取小微业务抓手，提升获客能力。新增业务来源及获客渠道，扩大了业务规模，丰富了对小微企业的数据画像，进而使风险更加透明可控，积极扶持实体产业，响应政策号召，赋能小微企业健康发展。

（2）自主定价，提升收益。与传统业务相比，在保证资产高评级、低风险的同时，对多级供应商享有更多的自主定价权，从而提升业务收益。

（3）线上操作，无需复杂流程。业务开展无需自建平台，注册即可使用，无新增工作量与流程，全部业务采用线上操作，无纸化办公，方便金融机构开展全国业务。

7.2.2 H供应链金融支持服务系统

（一）案例介绍

银行等金融机构在开展商业保理、票据贴现等供应链金融业务时，一般以具体贸易过程中的合同及发票等作为融资凭证。H 公司通过采用区块链技术，将验真后的发票数据登记入区块链账本，供金融机构授信评估使用。在具体的供应链融资过程中，金融机构通过调用该系统提供的凭证智能匹配服务，依据合同信息从发票池中匹配出与合同关联的所有发票信息，形成本次贸易融资的发票集合；通过调用该系统提供的发票识别、发票验真、发票数据补全等服务，提升金融机构对贸易背景真实性的甄别能力。

金融机构完成授信评估后，对登记入区块链账本的融资发票进行公示标识，作为金融机构下次贸易融资的信用风险评估依据。利用区块链信息防篡改、可追溯等特性，建立申请企业与金融机构之间的信息对称机制，解决供应链金融各成员之间的互信问题，可有效防范供应链融资过程中发票重复融资的风险。

（二）案例方案及亮点

在 H 公司研发的发票融资凭据链中，链的记账节点包括 H 公司、金融机构及企业用户，由各成员机构节点共同维护发票融资凭据链的数据账本，以实现各成员节点对发票融资信息的共享。具体节点包括发票上链节点、用户节点、发票公示节点、监管节点、运营节点。各节点的功能分别如下：

（1）发票上链节点：金融机构进行发票验真补全信息入链；

（2）用户节点：企业用户可以勾选和确认参与融资的发票；

（3）发票公示节点：融资中介机构可以对参与融资佐证的发票进行标识和查询；

（4）监管节点：监管机构可以对上链数据进行监管与合规审计；

（5）运营节点：由 H 公司对区块链基础平台进行运营维护。

在性能方面，基于 H 链的 H 平台采用高并发、可扩展的快速共识机制，满足实际业务的高频交易需求；在安全方面，采用国密 SM2、SM9、SM3 和 SM4 算法，符合安全可靠政策需求，支持第三方 CA 属性证书及基于角色的访问控制模型，支持细粒度的权限管理；在隐私保护方面，采用零知识证明、环签名、同态加密等技术，支持可监管的隐私保护机制；在数据与智能合约方面，支持大数据存储及条件检索引擎，支持海量数据的存储与快速查询，提供模板化的智能合约，降低开发门槛，支持智能合约形式化验证，降低漏洞风险。

（三）案例价值

为了保证企业交易信息和区块链上链数据的真实性，现阶段该系统提供了凭证智能匹配、发票识别、发票验真、监管审计、状态共享等服务，具体业务场景如下。

（1）凭证智能匹配

企业在开展供应链金融过程中，以贸易的真实性为前提，根据具体交易提供合同及发票作为融资的商事凭证。凭证智能匹配服务的主要功能是通过合同上的交易信息，智能地从发票池中匹配出对应的发票。

（2）发票识别

在本案例场景的融资过程中，企业提交纸质发票的扫描图片，后台提供相应的识别程序，分割提取各信息项目所在的区域图片，再做进一步识别，利用深度学习技术提取发票的票面信息。

（3）发票验真

发票验真模块通过识别企业销项发票特定区域，将其传至发票池系统进行验证，判断其是否真实有效，并匹配出发票的开具、红冲、作废等状态。发票验真查询结果可自动加入发票池，并存入区块链。

（4）发票状态监控

发票状态监控模块可实现自动检索发票上的开票单位和应税劳务及货物

名称是否匹配，提升发票的合规性检验能力。同时，该模块还可以对通过查验的增值税专用发票和普通发票设置巡查期，自动定期检测发票状态，帮助金融机构规避因发票作废、红冲、异常状态等原因造成金融机构的贷款风险。

（5）监管审计

区块链平台为监管机构提供服务节点，监管机构根据监管需要结合底层智能合约，对发票验真、隐私保护等数据及合规性进行监管审计，确保上链数据真实、合规、可靠。

（6）状态共享

银行等金融机构将验真后的发票信息使用记录及时登记入链，供其他金融机构查证，可以有效防止票据重复融资，从而达到降低金融风险的目的。

基于供应链金融支持服务系统的发票融资凭据链是 H 平台供应链金融功能的重要组成部分，利用区块链技术，在金融机构、企业用户之间构建以发票作为供应链融资商事凭证的可信环境，帮助金融机构加强供应链融资贸易背景的真实性审查，有效防范发票的重复融资风险，为中小企业供应链融资开辟了一条新路。

7.2.3 D公司跨境保理融资授信管理平台

（一）案例介绍

基于区块链的跨境保理融资授信管理平台（简称“授信平台”）采用 D 公司自主研发的区块链底层系统——D 链，利用区块链数据可信的特点，为供应商和保理公司提供融资全生命周期管理、融资额度管理等服务，并根据供应商交易和资信等信息对供应商进行信用评级，为供应商定制合理的优惠利率，提供灵活的金融服务。

（二）案例方案

（1）平台功能

平台主要提供以下四个功能：

① 供应商融资状态管理，包括多次融资申请、放款、还款等；

② 供应商订单状态管理，包括未结汇订单的信息采集、跨境结算，以及已结汇订单的还款和支付等；

③ 供应商授信额度管理，即根据现有订单状态和融资情况计算供应商的融资授信额度；

④ 供应商信用评级管理，即根据历史订单状态和融资情况评估供应商的企业信用。

（2）总体业务流程

平台的总体业务流程如下：

① 供应商基于境外电商平台的订单向保理公司申请融资；

② 保理公司向跨境支付机构申请订单验证和额度锁定；

③ 支付机构从电商平台采集订单信息，并将订单状态和额度锁定写入授信平台的区块链账本中；

④ 保理公司从授信平台查询授信额度，根据查询结果确定放款额度，同时将放款情况写入授信平台的区块链账本，完成授信额度的更新；

⑤ 电商平台在账单到期后发起订单结算，由支付机构完成跨境收结汇；

⑥支付机构根据授信平台记录的融资情况优先支付给保理公司，完成还款；

⑦支付机构将剩余的款项支付给供应商，同时更新授信平台中的订单状态。

（3）区块链节点部署

基于区块链的跨境保理融资授信平台采用严格的节点准入机制，参与记账的节点需要通过登记和身份核验后才能加入区块链网络，以防范恶意节点通过构造虚假网络、频繁加入或退出造成网络稳定性风险，同时确保数据来源可追溯，一定程度上增加数据的可信度。

当前，保理公司、支付公司以及授信平台建设方作为区块链系统的记账节点，共同维护授信平台的运转。

未来，随着业务的扩展，平台将支持多家支付公司和保理公司作为记账节点，共同维护账本。跨境电商平台作为备选节点，可申请参与记账。此外，相关监管和审计机构也可成为记账节点，直接获取链上数据。

（三）案例价值

该授信平台在技术、业务模式及服务模式等方面都有所创新。

（1）引入区块链技术将常规保理业务和跨境支付业务有机地结合起来，确保数据真实准确、可信和可靠。

一是平台基于 D 公司自主可控的联盟链框架“D 链”进行设计开发，通过数字证书进行准入许可，对参与方进行身份认证和授权，确保数据上链前的真实性；二是平台采用基于 PKI 公开密钥体系、基于分布式账本的数据存储和基于拜占庭容错的共识机制，确保了数据上链后不被篡改；三是在数据准确性上，采用“以链上数据为主，以链外数据为辅”的方式，减少链上链下数据不一致的情况，降低了业务风险。

（2）采用 UTXO 模型对授信额度进行精确且灵活的控制和调整。

一是授信平台严格控制供应商每次融资额度不超过其总体授信额度；二是授信平台及时根据其订单状态、融资情况、还款情况对授信额度进行精确的调整。供应商也可以根据其实际资金需求进行多次融资申请，未使用完的额度可以继续用于下一次融资，确保能充分使用其授信额度。供应商在完成新的订单后，可获得相应的新增授信额度。此外，供应商在多家电商平台的订单所对应的授信额度还可以进行叠加，以满足大额资金需求，融资方式更加灵活。

（3）创新了保理业务模式和供应商还款模式。

对于保理公司而言，通过跨境支付公司可以确保订单回款优先还款给保理公司，有效降低贷后风险，从而可以为更多的供应商提供融资服务，扩大其放贷业务范围。对于供应商而言，通过跨境支付公司可以简化订单回款和融资还款等操作，提高业务效率；通过保理公司可以及时地获得融资服务，提高资金效率。

（4）提供开放服务，并通过标准接口对接多家保理公司、支付机构、供应商和跨境电商平台的 IT 系统。

一方面，在已有数据的基础上提供授信额度查询、信用数据查询等增值服务，平台能够帮助供应商更方便地使用其授信额度进行融资，帮助境外电商平台更容易地选择良好的供应商。另一方面，基于开放标准接口，平台更容易对接订单和融资的所有相关方，能够更全面地跟踪订单和融资的全生命周期过程；打破了各家公司之间的“数据孤岛”，有效防范供应商利用相同订单进行多头借贷和超额融资；提高了保理公司的风控能力，降低了由于供应商还款能力不足造成的资金风险。

7.2.4　Y供应链金融平台

（一）案例介绍

Y 公司基于自主知识产权的区块链底层平台，研发了 Y 供应链金融服务平台并投入运营。通过真实贸易背景及核心企业信用，Y 平台为各参与方提供了实名认证、资产管理、在线融资、资金管理等功能，在满足场景化需求的前提下，将区块链技术应用于解决传统供应链金融产业核心企业信用无法传递、全链条业务信息无法打通、清结算烦琐等痛点，有效提升了在当前碎片化经济环境下供应链金融产业内资产资金的流转效能。

（二）案例方案

具体地看，Y 平台的主要功能包括以下几个方面：

（1）实名验证：基于 CFCA 证书及验签服务，提供包括企业资质证照认证、企业身份认证、银行账户匹配认证等功能；

（2）资产管理：支持核心企业在系统中实现对应收账款金融资产的登记、拆分、流转，未来将支持订单、仓单、预付款等资产的登记上链及电子化；

（3）在线融资：支持中小型供应商基于上述电子化金融资产展开线上融资；

（4）资金管控：对实体账户资金往来信息进行上链记录，并基于智能合约进行资金流转的自动化管控；

（5）账户系统：实现企业用户各类信息管理及银行虚实账户的管理。

（三）案例价值

Y平台的产业价值及优势主要体现在以下几个方面：

（1）释放核心企业信用：有效扩大核心企业信用辐射范围，惠及全产业链内的中小企业，进一步提升核心企业对供应链各个环节的影响力；

（2）提升融资效率及效果：在有效释放核心企业信用的前提下，提升中小企业融资的效率及效果，有效缓解中小企业融资难、融资贵的问题；

（3）提供更多优质金融场景：借助区块链技术，充分挖掘长链条业务场景中的长尾效应，降低各类金融机构业务风险，降低业务开展边际成本，并为金融机构提供更多优质业务场景；

（4）提升碎片化经济环境下的资金流转效率：通过搭建惠及各参与方的“区块链+供应链金融”产业服务平台，进一步释放供应链金融产业势能，优化产业环境，提升供应链金融产业在碎片化经济下的资金流转效率。

相关信息显示，在与贵州省某银行的合作中，Y平台起到了明显的效果。一般来说，城市商业银行的一个痛点在于属地原则，资金不能出省。而供应链金融业务则具有参与方遍布全国的属性。因此，城市商业银行在开展供应链金融业务时面临较多的限制。在资金不能出省的前提下，Y公司帮助位于贵州的某银行打造了一个能够将业务辐射到全国范围的SaaS平台。基于该SaaS平台，供应链金融的各个参与方之间借助区块链的增信作用，实现了可信的业务数据互换，并在此基础上实现更高效的跨域业务合作。通过业务数据可信的共享，其他省份的金融机构可以采用更灵活的方式和该银行进行合作，从而帮助该银行在全国积极开展供应链金融业务。

数据显示，该 SaaS 平台自 2017 年 9 月 20 日试运行以来，截至 2018 年 6 月 30 日，已有 63 家企业在平台上进行注册，额度项下落地业务 51 笔，融资客户 43 户，融资金额 9.41 亿元。其中，中小微客户占 93%。在业务处理上，截至 2018 年 6 月，每月平均融资数较上线前增加 4 倍，且单笔融资业务环节减少，流程更短。

7.2.5　J供应链金融平台

（一）案例介绍

J 公司研发的供应链金融平台解决方案主要关注供应链金融中“信息闭环”与“资金闭环”两个核心风控逻辑。

在“信息闭环”方面，区块链作为底层技术，以难以篡改的方式刻画交易双方的真实贸易背景；提供可视化贸易信息，体现出购销信息发布、货流实时监控、单据传递跟踪、结算快捷准确的特点。

在“资金闭环”方面，支持开放式的融资需求双向选择、融资随借随还等多样化流程设计；实现金融机构对贸易融资投放与回收的专户管理，解决资金闭环问题。

此外，解决方案中还包含企业与用户管理、资金管理、资金账户服务、电子合同服务、报表服务、通知服务等功能。

（二）案例方案

J平台的解决方案包含可信数据池、供应链融资平台两组产品。

（1）可信数据池

该产品可以帮助企业基于区块链技术建立权属明晰、可信、可溯源的数据保护机制。企业可以选择基于公有云的SaaS服务、私有云部署和软硬件一体机三种部署方式，通过与企业的贸易系统、生产系统、ERP系统实现连接，将数据以区块的形式写入企业权属下的“可信数据池”节点，在对数据进行加密保护的同时，也通过密钥管理建立数据授权访问机制，让数据增信并可追溯。基于区块链底层技术的“可信数据池”既可以架接多样化的软件应用，又可以实现区块跨链交互引用，具有功能应用和连接模式的灵活性和延展性。在数据采集上，通过使用系统对接、物联网设备采集等手段，从源头保证了数据的真实性。

（2）供应链融资平台

供应链融资平台同样以区块链作为底层技术，提供可视化贸易信息，实现金融机构对贸易融资投放与回收的专户管理，解决资金闭环问题，提高贸易和融资效率。架构在J平台上的供应链服务模型，可将供应链中的物流、商流、资金流、信息流在线化，实现“四流”相互交叉验证，以及贸易可视、透明、不可篡改，为金融机构提供贷前预审及贷后管理辅助功能，有效扩大了金融机构的低风险资金投放，提升了供应商的资金周转率，降低了融资成本，优化了核心企业采购环境。

（三）案例价值

J平台的可信数据池解决了贸易数据的真实性和安全问题。通过和企业生产数据系统直连，J 平台可以实时获得企业数据，完成企业金融数据刻画，包括金融数据、操作记录等所有数据记录在企业级区块链分布式账本上。同时，企业作为数据所有权人，可以对所有数据使用进行单独授权；监管方可随时通过操作记录进行数据操作审计，从而保证数据真实、安全、可靠。

另外，J 平台的供应链融资平台则加快了供应商自有资金周转，降低了企业采购成本。J 平台提供了可视化工具，可呈现贸易合同、订单、发货单、收货单、单笔结算单、结算汇总单等信息。通过平台“贸易背景表”，用户可以查看中间每个环节的详细数据。由于数据在线且通过了“四流”的交叉比对，供应商可以大大缩短回款周期，由原来的 90 ～180 天缩短到 15 天，甚至可实现最快 1 天回款。

注：本节案例来源于中国信息通信研究院可信区块链推进计划《区块链与供应链金融白皮书（1.0 版）》。

8

CHAPTER

第 8 章　对区块链应用的反思和展望

8.1 反思：一切才刚刚开始

我们从前面的分析对比中不难看出，目前区块链技术实际落地的情况与其相对理想的组合还有比较大的差距，出现这种情况的原因有很多。

在区块链行业一侧，主观方面，有些团队本身缺乏做好产品的欲望，更多是抱着投机的心态参与到这个行业中，因此没有将时间、精力与资金投入到与技术落地应用相关的领域；客观方面，尽管部分从业者确实有将区块链技术与实体产业结合、打造数字经济的意向，但由于目前经济研究领域针对中观行业的训练较少，所以切入的方向往往不是特别准确，其主要的精力都用在了对产品性能的提升上。

至于实体产业一侧，虽然目前各行各业都或多或少存在一些痛点，但绝大多数人不会想到用区块链技术去解决。一方面，由于此前某些区块链团队的一些宣传话术有失妥当，例如，说区块链技术无所不能、可颠覆一切中心化机构等，使很多人在主观上就对区块链技术产生了一些抵触。另一方面，由于区块链技术本身涉及多个学科的冷门知识，背后原理相对枯燥，理解起来并不容易，因此除非需求特别强烈，否则很多企业与个人其实没有耐心对其进行深入研究。区块链与实体产业之间存在较强的距离感，双方在过去数年之间迟迟未能实现比较好的融合。

然而，正如笔者在前面介绍的，无论是对于正在快速数字化与去中心化的实体产业，还是目前闭门造车的区块链技术，两者之间的妥善结合都是互惠互利且很有必要的。实体产业方面，前文已用大量篇幅进行介绍，此处不再赘述。而在区块链方面，当前业界关注的一系列热点，如跨链、匿名、去中心化交易等新技术、新模式，它们的应用推广甚至存在的意义都要建立在区块链技术落地实体产业的基础上。这也是为什么很多人抱着“拿着锤子找钉子”的心态给区块链寻找落地场景的原因。虽然这样做失败的概率很大，但其心情是可以理解的。

遗憾的是虽然业界对“区块链需要落地实体产业”已经达成了理论上的共识，但实际上很多资源并没有被投放到相关的研究与开发中，而是被用到了低附加值甚至无附加值的工作上，这使本就动荡的行业更加充满了不确定性。尤其是随着区块链行业的集中度逐渐上升，此种趋向更呈现出加深之势。这对于区块链行业乃至数字经济无疑是不利的。从现在的情况来看，真正有效的区块链应用很可能不在目之所及的项目中（事实上，即使笔者在排除了区块链技术短板之后提出的结合方案，也有颇多需要提升之处），而能够发现并开发这些应用的人可能也不在现有的区块链从业者队伍里。

出于这样的考虑，笔者通过对现有的区块链应用以及潜在的区块链结合方案进行梳理，从中总结了一些个人的体会和理解，希望能够为今后的区块链从业者提供一些参考。按照本书的理论，这是一个对“研究权”进行去中心化的行为，也就是将区块链应用研究的相关体会从少部分的行业研究者分散到更多在这方面有兴趣的读者手中，希望自己早先的一些经验可以帮助读者少走弯路。而随着越来越多有相关意向的人参与到区块链与实体产业结合的研究过程中，区块链应用及在其基础之上的去中心化经济出现的周期将会被有效缩短。

8.2 展望：找准区块链的真正定位

需要指出的是，目前很多从业者对区块链技术的应用落地存在一个思维误区。事实上，业内曾经有不少人投入过对区块链应用的研究工作，但后来没能持续下去。因为在一些人看来，区块链的使命就是对现有经济体系进行整体大幅改造，甚至对原有的信息基础设施直接全盘替代（例如，前两年流行的“区块链颠覆银行”言论），而在探索之后却发现，现阶段以及预期内的区块链技术实际上很难实现上面提到的目标。因此，他们认为区块链是一项低于人们预期的鸡肋技术，其存在的意义比较有限。

然而，在笔者看来，得出这种结论未免有些武断。纵观各行各业的历史不难发现，在科学技术与商业模式的迭代中，100% 的绝对替代的情况并没有人们想象的那么多。以很多区块链从业者都比较熟悉的能源行业为例，按照传统的行业史观，这个行业的历史一般会被分成薪柴时代、煤炭时代、石油时代、天然气时代及新能源时代[①]。但从数据来看，这些所谓的“××时代”很多是不成立的。因为其中只有薪柴在能源市场上取得了绝对的优势地位，

① 这种分类方式主要是从一次能源的角度来看，如果按照终端能源的角度，其可能会被分为薪柴时代、煤炭时代、石油时代、天然气时代、电气时代，有些资料还会把石油和天然气合并成为“油气时代”。

除此之外，无论是煤炭、石油、天然气，还是新能源，都没有对前一种能源实现全面的替代，进而在能源市场中占据主导位置。事实上，薪柴时代之后的能源行业，严格来讲被称为“多元化时代”更准确。

类似的案例还有很多。例如，在工业制造这种传统领域，工业 3.0 没有对工业 2.0 甚至工业 1.0 进行全面替代，各方彼此之间呈现出一种共存的状态；支付这种新兴领域也是一样，大受好评的二维码支付没有完全主导这个领域，其在全球范围仍然是与纸币、信用卡、NFC 等多种技术与模式共处。可以说，除非后来者能够在多个维度上对原有的技术与模式形成全面的压制，否则要想实现所谓的“完全替代”，哪怕仅仅是“成规模替代”，其实都不是一件容易的事情。区块链也是如此，人们必须接受一个现实，那就是本身原理复杂、效率存在瓶颈的区块链技术由于在关键性能上的短板，即使在技术成熟之后，它可能也不会对原有的信息基础设施进行直接的大幅改造，更不要说全面替代了。

但是，这难道就意味着区块链的失败吗？区块链真的没有办法给实体产业的发展带来明显的促进作用吗？

恐怕不尽然。从笔者曾看到的一条新闻来看，区块链技术正在通过自己的方式对社会经济进行改造：相关消息显示，一直以来被人们口诛笔伐的 SWIFT 此前启动了一个试点项目，以提升自身的支付效率。从金融行业的历史来看，这种事情并不多见。毕竟，SWIFT 在 20 世纪 70 年代诞生后的 40 多年中几乎从未采取过类似的行为。而本次促使这个金融寡头痛下决心的最直接原因正是区块链：由于高度可靠的分布式记账本的出现，SWIFT 感受到了巨大的竞争压力，因此不得不进行自我提升。毕竟，SWIFT 之所以能够成为各国银行的账户记录平台，其核心竞争力正是源于自己40年来积累的信誉与可信程度。而极难篡改的区块链使这种信誉出现了去中心化的趋势，SWIFT的核心优势也受到挑战。在这种情况下，SWIFT才有动力对自身技术性能进行提升，最终使用户从中受益。

我们从以上分析不难推断，区块链也许不像很多理想主义者宣称的未来会支配整个经济领域，它在某些行业可能永远也无法取代人们熟悉的中心化机构。毕竟世界是多元的，信赖去中心化的人固然不少，但崇拜中心化高效寡头的人也有很多。区块链存在的意义主要是在现有的中心化机构之外为人们提供了另一个去中心化的选项，进而与原有的中心化势力形成一种互相竞争与遏制的关系，最终为人们提供高体验的产品。对于那些以品牌可信度为核心资产的信息中介来说，其服务的性价比一旦下降到触及人们的心理红线，同样高度可信的区块链技术立刻就会来争夺它们的市场份额，让其如同SWIFT一样遭到各种区块链网络的冲击。也就是说，区块链可能影响并改造社会，但这种影响不是很多人想象中的那种颠覆式影响，就好像新能源改造世界不是让新能源100%替代化石能源一样，至少在可预期的时间内不太可能出现这种情况。

在经济系统中，像区块链这样产生“鲶鱼效应”的情况并不罕见。以前面提到的能源行业为例，传统能源和新能源的极端支持者们经常会号称要彻底压倒并取代对方，但在经历了数十年的冲突与发展之后，谁也没有完全战胜谁，而是形成了一个相互共存的相对稳定局面。尽管新能源在全球能源消费中所占的比重非常小，大概不到5%，但正是这不到5%的存在使占比超过80%的化石能源在拥有绝对市场份额的情况下仍然不敢随意提价，而且时刻都在优化自己的服务。因为这些传统能源供应商知道，一旦自己的服务质量下降到一定程度，价格低廉且资源丰富的风电和太阳能马上就会来抢占自己的市场份额。

区块链也是一样。从现在的发展态势来看，断言相关的应用在预期的时间内将会爆发式增长、实现大幅替代，还是不太现实。最有可能出现的情况是在几年后使用区块链网络作为中介，进行各种经济活动的人依然只占全球的很少一部分。但这少数的存在对于整个去中心化经济系统来说却有着很大的必要性，它们就如同市占率不到 5% 的新能源一样时刻提醒着中心化的中介机构：如果服务质量一旦降到用户难以忍受的程度，用户马上就会转移到区块链网络上。毕竟对于用户来说，产品与服务的表现形式都是次要的，高性价比的内核才是用户真正追求的东西。

参考文献

[1] 何虹．解决好林权抵押贷款“痛点”的几点建议[N]．中国城乡金融报，2018-7-25.

[2] 张立，温作民．我国林权交易市场存在的问题及成因分析[J]．经济论坛．2013（8）：92-94.

[3] 闫卫东等．21世纪以来全球矿业形势回顾与展望[J]．中国工程科学，2019（2）.

[4] 张楠．我国有色金属矿业形势分析与展望[J]．中国国土资源报，2019（4）.

[5] 肖泽青等．人工智能在能源互联网中的应用综述[J]．电力建设，2019（5）.

[6] 王毅等．5G通信与泛在电力物联网的融合：应用分析与研究展望[J]．电网技术，2019（4）.

[7] 贾艺漩等．区块链技术与能源互联网[J]．信息与电脑（理论版），2019（3）.

[8] 吕凛杰等．能源区块链中用户侧点对点交易支撑环境研究[J]．电力建设，2019（5）.

[9] 任昊文等．区块链分布式技术在电力需求侧响应管理中的应用[J]．电信科学，2019（4）.

[10] 赵少东等．区块链分布式记账技术在汽车充电费用结算中的应用[J]．电子世界，2019（4）.

[11] 徐江，李东．建设工程“三包一靠”的法律问题[J]．中国招标，2012（34）.

[12] 丰元飞，席佳．BIM总承包项目管理问题研究[J]．绿色环保建材，2019（3）.

[13] 谢云飞，朱亮．BIM技术在建筑业中的应用分析及重构建议[N]．智能建筑与智慧城市，2019（2）.

[14] 连国琴．建筑业劳务分包管理困境与改进对策[J]．财会学习，2019（5）.

[15] 宋旖旎，张永庆．我国传统零售企业向“新零售”模式转型的商业路径探析[J]．电子商务，2019（5）.

[16] 巫祖业．大数据视角下零售业营销策略创新——以服装零售为例[J]．中国管理信息

化，2019（5）.

[17] 王锐，蒋亦伟. 智能零售风起云涌，数字技术驱动转型升级[J]. 信息通信技术与政策，2019（4）.

[18] 万谦，李仕奇. 长鞭效应的成因与减缓措施[J]. 中国商论，2019（3）.

[19] 彭湘萍. 连锁餐饮企业成本控制工作探析[J]. 中国商论，2019（1）.

[20] 竹新奥. 我国连锁餐饮企业经营管理创新研究[J]. 经贸实践，2018（11）.

[21] 李梦豪. 论当前经济金融形势的认识与思考[J]. 中国市场，2019（4）.

[22] 吴楠楠. 浅谈当前我国经济金融形势及相关政策[J]. 现代商业，2019（3）.

[23] 周楚瑜. 互联网金融对商业银行传统业务的影响和应对[J]. 中国经贸导刊（中），2019（5）.

[24] 杨志国. 试论基于大数据时代的商业银行金融业务创新[J]. 现代营销（下旬刊），2019（5）.

[25] 曹真. 互联网金融众筹模式的风险及政府监管责任探析[J]. 淮海工学院学报（人文社会科学版），2019（5）.

[26] 庄伟铭等. 保险行业区块链应用研究[J]. 信息安全研究，2019（3）.

[27] 杨立，左春，梁赓. 基于区块链的保险产品推荐模型[J]. 计算机系统应用，2019（1）.

[28] 张城城. 区块链技术在再保险中的应用研究——以B3i再保险平台为例[J]. 企业科技与发展，2018（12）.

[29] 波士顿咨询. 区块链技术如何颠覆保险行业[N]. 中国保险报，2018（11）.

[30] 李雅婷. 基于4C理论的新东方K12的营销策略研究[J]. 科技资讯，2019（5）.

[31] 林晓勇，刘明杰，蒋玲慧，陈丽. 互联网时代的K12与U6教育探索[J]. 吉林省教育学院学报，2019（4）.

[32] 陈礼腾. 2019两会首提"互联网+教育"在线教育或将迎来新风口[J]. 计算机与网络，2019（3）.

[33] 王禾，闵锐. 世卫组织：中国目前有80%死亡者死于慢性病[J]. 新京报，2019（4）.

[34] 华丽，周永莲. 全国近3000万人口未脱贫因病致贫返贫家庭占4成[J]. 新京报，2019（4）.

[35] 健康e刻研究院. 5G为医疗健康行业描绘新赛道[N]. 健康报，2019（4）.

[36] 马煜，王敏．基于SWOT模型的“互联网+医疗”应用分析[J]．经济研究导刊，2019（3）．

[37] 赵地．发展智能医疗新纪元[J]．中国数字医学，2019（3）．

[38] 肖叶．财政支出竞争、城投债发行与城市经济增长——基于财政支出压力视角[J]．中南财经政法大学学报，2019（5）．

[39] 汪同三．关于全面落实积极财政政策的几个重要问题[N]．经济日报，2019（5）．

[40] 赵月．基于国地税合并背景下的税收体制优化研究[J]．现代商贸工业，2019（5）．

[41] 高岩．小微企业税收优惠政策中的问题及建议[J]．现代营销（下旬刊），2019（5）．

[42] 胡光．基于区块链技术的智能知识产权管理应用场景研究[J]．河南工业大学学报（社会科学版），2019（4）．

[43] 赵国锋，何英，周继华．基于区块链的数字版权登记技术[J]．信息技术与网络安全，2019（4）．

[44] 陈晓菡，解学芳．颠覆式创新：区块链技术对文化创意产业的影响[J]．科技管理研究，2019（4）．

[45] 江德斌．智慧交通下的共享无人驾驶汽车研究综述[J]．工程建设与设计，2019（5）．

[46] 王静霞．当前共享经济模式的研究现状及面临问题[J]．现代营销（经营版），2019（5）．

[47] 徐勇．共享经济下基于共乘的交通分配模型[J]．信息技术与信息化，2019（4）．

[48] 孟春华，王光颖．基于共享经济驱动的共享城市规划研究[J]．住宅与房地产，2019（3）．

[49] 张伊丹．共享住宿：主客关系的变化与影响[J]．旅游论坛，2019（4）．

[50] 李力，苏俊仪．共享短租平台住宿价格及其影响因素研究——基于小猪短租网站相关数据的分析[J]．价格理论与实践，2019（3）．